Ekkehard Kuhn

Einigkeit und Recht und Freiheit

Ekkehard Kuhn

Einigkeit und Recht und Freiheit

Die nationalen Symbole der Deutschen

Ullstein

Satz: Fotosatz Service Weihrauch, Würzburg
Reproduktionen: Scantrans Ltd., Singapur
Druck und Verarbeitung: Mohndruck, Gütersloh
Printed in Germany 1991
ISBN 3550078005

Die Deutsche Bibliothek – CIP-Einheitsaufnahme

Kuhn, Ekkehard:
Einigkeit und Recht und Freiheit : die nationalen Symbole der Deutschen / Ekkehard Kuhn. – Berlin ; Frankfurt/Main : Ullstein; 1991

ISBN 3-550-07800-5

Inhalt

Vorwort

Nationale Symbole und Nationalbewußtsein

Auch im Zeitalter zunehmender internationaler Zusammenarbeit und Verflechtung – siehe die Europäische Gemeinschaft – werden Nationen und Staaten nicht überflüssig. Auch wenn sie einen Teil ihrer souveränen Rechte an den übernationalen Staatenverbund abgeben, bleiben sie als historisch gewachsene Gemeinschaften für ihre Bürger identitätsstiftend und damit notwendig.

Zum Traum der Aufhebung der Nationen schrieb der aus der Sowjetunion stammende Schriftsteller Lew Kopelew: »Eine Absage an die Nation ist ebenso irreal wie eine Unterbrechung der Erdanziehung.« Auch die Deutschen können sich nicht aus ihrer Nation »abmelden« und nur Europäer werden. Sie sind beides.

Jeder Staat hat seine nationalen Symbole: Fahne, Hymne, Hoheitszeichen. Sie werden gebraucht, um auf seine Präsenz hinzuweisen. Sie sind Zeichen für eine Gemeinschaft von Staatsangehörigen. Das Wort Symbol kommt aus dem Griechischen und bedeutet »das Zusammengebrachte«. Ein Symbol steht stellvertretend für eine Gemeinsamkeit. Ein nationales Symbol ist das gegenständliche Sinnbild für eine staatliche Idee, für das Ziel ihrer Verwirklichung.

Die Revolution der Bürger des deutschen Teilstaates DDR 1989/90 fand im Zeichen der schwarz-rot-goldenen Farben statt. Die Entfernung des aus Ähren, Hammer und Zirkel gebildeten DDR-Emblems aus den Fahnen in Leipzig und anderswo war das Bekenntnis zur gemeinsamen deutschen Nation, unterstrich die Forderung, die nationale Einheit wiederherzustellen. Schwarz-Rot-Gold stand seit dem Zug der Burschenschafter auf die Wartburg im Jahre 1817 für die Sehnsucht der Deutschen nach staatlicher Einheit, für ihre Forderung nach bürgerlichen Rechten und Demokratie.

Als 1832 mehr als dreißigtausend Männer und Frauen aus fast allen Teilen des deutschen Sprachraums das »Hambacher Fest«, das »Erste Nationalfest der Deutschen« feierten, war Schwarz-Rot-Gold das unbestrittene Symbol für Einheit und Freiheit.

1841 schrieb der Dichter Hoffmann von Fallersleben »Das Lied der Deutschen«. Die drei Strophen waren das tiefempfundene Bekenntnis für ein gemeinsames Vaterland. Die reaktionären Fürsten des damals in 39 Einzelstaaten gespaltenen Deutschlands verfolgten den Demokraten Hoffmann, der zur Veränderung der politischen und gesellschaftlichen Zustände im »Deutschen Bund« aufrief. Erst achtzig Jahre später – 1922 – wurde in der ersten deutschen Republik »Das Lied der Deutschen« vom sozialdemokratischen Reichspräsidenten Friedrich Ebert in den Rang einer Nationalhymne erhoben.

Als am 3. Oktober 1990 nach über vierzigjähriger Spaltung die politische Einheit Deutschlands wiederhergestellt werden konnte, standen die alten staatlichen Symbole, die schwarz-rot-goldene Fahne, die Nationalhymne und der Bundesadler unübersehund unüberhörbar im Mittelpunkt des feierlichen Geschehens. Sie waren Ausdruck eines Nationalbewußtseins, das nun wieder alle Deutschen einte. Und als in den ersten Minuten des 3. Oktober, nach der Verkündung der Einheit durch Bundespräsident Richard von Weizsäcker, in Berlin Hunderttausende vor dem Reichstagsgebäude und rund ums Brandenburger Tor »Einigkeit und Recht und Freiheit« sangen, geschah dies nicht im »Nationalrausch«, sondern aus einem Gefühl der Dankbarkeit für die Chance des Wiederzusammenkommens der Deutschen, die sich nicht zuletzt dank der Zustimmung ihrer Nachbarn und der beiden Großmächte eröffnet hatte.

Der notwendige Blick auf die gemeinsamen Probleme der Menschheit wie Umweltzerstörung, Klimaveränderung, Überbevölkerung, Hunger, Armut, soziale und politische Spannungen steht nicht im Gegensatz zu einem gesunden Nationalbewußtsein, das den Eigenwert eines jeden Volkes ganz natürlich empfindet und begreift. Ein nationalbewußter Deutscher steht nicht gegen die europäische Einigung. Ein überzeugter Europäer steht nicht gegen die Interessen seiner eigenen Nation. Das eine braucht das andere nicht auszuschließen, wie oft kurzsichtig behauptet wird. Die Zeiten nur nationalstaatlichen Denkens und Handelns sind freilich vorbei.

Ein gesundes Nationalbewußtsein hat nichts zu tun mit übersteigertem Nationalismus. Ein Mensch, der sich nicht selbst achtet, ist zu keiner echten Partnerschaft fähig. Ein Volk, das kein Selbstwertgefühl besitzt, ist für andere Völker ein fragwürdiger Bundesgenosse. Nationale Selbstverleugnung – wie sie die Deutschen nach dem Zweiten Weltkrieg übten – ist ebenso abwegig wie der nationalistische Größenwahn in Adolf Hitlers »Drittem Reich«, der die Deutschen in ihre größte Katastrophe stürzte. Selbstverleugnung und Selbstüberhebung – beides ist eine Form von Hybris, nur mit verändertem Vorzeichen.

Richtig verstandenes Nationalbewußtsein heißt Wissen um die Geschichte seiner Nation, die Höhen und Tiefen mit einschließt, heißt Stolz und Trauer zugleich. Nationalbewußtsein heißt Interesse an Vergangenheit, Gegenwart und Zukunft der Nation.

Daß die Deutschen sich wieder mehr ihren nationalen Symbolen zuwenden, daß zum Beispiel die Hymne wieder mehr gespielt und gesungen wird, ist nicht zu beargwöhnen. Es zeigt, daß das Pendel aus dem Extrem der unglaubwürdigen Geschichtslosigkeit zurückschlägt. Wenn sich der Patriotismus der Deutschen mit dem Wissen um die Ideale der Demokratie und ihre historische Tradition verknüpft, besteht keine Gefahr, daß ein neu empfundenes Nationalbewußtsein wieder in das andere Extrem eines übersteigerten Nationalismus ausschlägt. Gerade ein aus dem Wissen um die Geschichte und Tradition des eigenen Landes gebildetes Nationalbewußtsein ist der beste Schutz gegen alle Verlockungen einer nationalistischen Überheblichkeit, gegen alle Verführungen von »Führern«. Ein wirklicher Patriot ist nicht anfällig für die Mißachtung anderer Nationen, vielmehr achtet er jede andere Nation, jedes andere Volk wie sein eigenes.

Die imperialistische Umdeutung des »Liedes der Deutschen« im Kaiserreich und im Hitlerstaat hatte nichts mit der Vaterlandsliebe seines Dichters gemein. Hoffmann von Fallersleben wollte nicht, daß Deutschland »über« allen anderen Staaten steht, sondern daß es von seinen Landsleuten »über alles« geliebt wird, daß es »brüderlich zusammenhält«, wenn es »Schutz und Trutz« braucht.

»Von der Maas bis an die Memel, von der Etsch bis an den Belt« hatte nichts mit imperialistischen Ansprüchen zu tun, sondern bezog sich 1841, bei der Entstehung des Textes, genau auf das Gebiet des deutschen Sprachraums.

Alle Mißdeutungen, aller Streit, den es bis heute noch um die Nationalhymne gibt, gehen auf Unkenntnis des zeitgeschichtlichen Zusammenhangs ihrer Entstehung zurück. Die von manchen erhobene Forderung, das Lied ganz abzuschaffen, kann nur von der bei den Deutschen verbreiteten Eigenschaft herrühren, von einem Extrem ins andere zu fallen.

Die Neigung der Deutschen zu Extremen hat ihnen in ihrer Vergangenheit viel Unglück gebracht. »Maß und Mitte« zu finden, ein politisches Bewußtsein zu fördern, das Nation und Europa gleichermaßen einbezieht, das einen würdigen Umgang mit den in langer Tradition gewachsenen nationalen Symbolen einschließt – das ist der Auftrag aus der deutschen Geschichte. Seine politische Erfüllung wird den Deutschen und den anderen europäischen Völkern zugute kommen. Dieses Buch will dazu beitragen.

3. Oktober 1990
Tag der Einheit

1

1. Berlin, 2./3. Oktober 1990, Mitternacht. Hunderttausende haben sich auf dem Platz der Republik vor dem Reichstagsgebäude versammelt. Die sechzig Quadratmeter große schwarz-rot-goldene Bundesflagge wird unter dem Geläut der Freiheitsglocke als »Fahne der Einheit« aufgezogen.

Bundespräsident Richard von Weizsäcker verkündet mit den Worten der neuen Verfassungspräambel das Jahrhundertereignis: »In freier Selbstbestimmung vollenden wir die Einheit und Freiheit Deutschlands.« Der jahrzehntelang unerfüllbare Traum ist damit Wirklichkeit.

2

2. Nach der Verkündung der staatlichen Einheit ertönt die dritte Strophe des »Liedes der Deutschen«, das 1841 aus der Sehnsucht nach Einheit und Freiheit entstand und 1922 zur deutschen Nationalhymne erklärt wurde. Gemeinsam singen die Menschen aus Ost und West:

»Einigkeit und Recht und Freiheit
Für das deutsche Vaterland!
Danach laßt uns alle streben
Brüderlich mit Herz und Hand!«

Der Text könnte nicht passender sein: »Brüderlich mit Herz und Hand« gilt es nun für alle Deutschen, nachdem die Freiheit und das Recht gewonnen sind, auch die »Einigkeit« herzustellen, was mehr bedeutet als die Einheit der Lebensverhältnisse.

Nach vierzigjährigem Auseinanderleben in zwei Staaten mit völlig unterschiedlichen Gesellschaftssystemen ist dies eine gewaltige Aufgabe, die gegenseitiges Verständnis, Mut, Verantwortung und Solidarität verlangt.

3. Bundeskanzler Helmut Kohl, der »Kanzler der Einheit«, auf der Tribüne vor dem Reichstagsgebäude in Berlin, links neben ihm Frau Hannelore, Außenminister Hans-Dietrich Genscher, der als dienstältester Außenminister der Welt mit dem Kanzler die Stolpersteine auf dem Weg zur Einheit beseitigte, Altbundeskanzler Willy Brandt, der nach der Revolution in der DDR schnell erkannte, daß »nun zusammenwächst, was zusammengehört«, sowie Oskar Lafontaine, als SPD-Kanzlerkandidat Herausforderer Kohls in der Bundestagswahl vom Dezember 1990. Hinter dem Kanzler Walter Momper, der damalige Westberliner Regierende Bürgermeister, rechts neben ihm Bundespräsident Richard von Weizsäcker, der soeben als oberster Repräsentant der Republik die deutsche Einheit verkündet hat, seine Gattin Marianne und Verteidigungsminister Gerhard Stoltenberg.

3

4

4. Die Einheitsnacht am Brandenburger Tor, dem Symbolbau der Deutschen, der seit zweihundert Jahren die Höhen und Tiefen der deutschen Nation erlebt hat und in den Jahren der Teilung Deutschlands und Berlins zum Symbol der deutschen Einheit wurde. Kein Nationalrausch bei den Menschen, aber Freude und auch Nachdenklichkeit.

Die Bilder aus Berlin gehen um die Welt. Sie dokumentieren die Wiedervereinigung der Deutschen. Aber nicht nur in Berlin, im ganzen Land wird das Jahrhundertereignis gefeiert. In vielen Gemeinden gibt es Dankgottesdienste, ertönen zur Mitternacht die Glocken. Überall knallen Sektkorken, steigen Feuerwerkskörper in den Herbsthimmel. Die Deutschen haben einen neuen Nationalfeiertag. Der Anlaß kann nicht schöner sein.

5

5. Ein junges Paar aus der ehemaligen DDR feiert die Einheit. Es hat das DDR-Emblem »Ährenkranz, Hammer und Zirkel«, das seit 1959 die Trennung der Nation auch symbolhaft bekräftigen soll, aus dem Rot der Fahne herausgetrennt – auch ein Symbol.

6

6. Staatsakt aus Anlaß des Tages der deutschen Einheit in der Berliner Philharmonie am Vormittag des 3. Oktober 1990. Das Podium ist mit der Anfangszeile der dritten Strophe des Deutschlandliedes und mit den Wappen der elf alten und fünf neuen Bundesländer geschmückt.

Der Staatsakt beginnt mit dem Choral von Johann Sebastian Bach »Unser Mund sei voll Lachens«. Solisten und Chöre kommen aus beiden Teilen Deutschlands: der Rundfunkchor Leipzig und die Gächinger Kantorei der Internationalen Bachakademie Stuttgart. Es spielen die Berliner Philharmoniker. Redner sind die Präsidentin der ehemaligen DDR-Volkskammer, Sabine Bergmann-Pohl, die Präsidentin des Deutschen Bundestages, Rita Süssmuth, der Präsident des Bundesrates, Walter Momper, und Bundespräsident Richard von Weizsäcker. Vor der Ansprache des Bundespräsidenten erklingt aus Joseph Haydns Oratorium »Die Schöpfung« der Choral »Die Himmel erzählen die Ehre Gottes«.

7. Richard von Weizsäcker in seiner Rede: »Wir begründen heute unseren gemeinsamen Staat. Wie gut uns die Einheit menschlich gelingt, das entscheiden kein Vertrag der Regierungen, keine Verfassung und keine Beschlüsse des Gesetzgebers. Es richtet sich nach dem Verhalten eines jeden von uns, nach unserer eigenen Offenheit und Zuwendung untereinander ... Ich bin gewiß, daß es uns gelingt, alte und neue Gräben zu überwinden. Wir können den gewachsenen Verfassungspatriotismus der einen mit der erlebten menschlichen Solidarität der anderen zu einem kräftigen Ganzen zusammenfügen. Wir haben den gemeinsamen Willen, die großen Aufgaben zu erfüllen, die unsere Nachbarn von uns erwarten. Wir wisen, wieviel schwerer es andere Völker auf der Erde zur Zeit haben. Je überzeugender wir es im vereinten Deutschland schaffen, unserer Verantwortung für den Frieden in Europa und in der Welt gerecht zu werden, desto besser wird es auch für unsere Zukunft zu Hause sein. Die Geschichte gibt uns die Chance. Wir wollen sie wahrnehmen, mit Zuversicht und mit Vertrauen.«

Nach der Rede des Bundespräsidenten spielen die Berliner Philharmoniker die beiden letzten Sätze aus der 2. Sinfonie von Johannes Brahms. Dieses Werk war am Abend des 9. Oktober 1989 im Leipziger Gewandhaus gespielt worden, nachdem das revolutionäre Aufbegehren an diesem Tag den Sieg davongetragen hatte.

7

8. »Einheitswetter« auf dem Platz der Republik am 3. Oktober 1990. Neben der Bundesflagge sind die Fahnen der sechzehn Bundesländer gehißt. Mit dem Beitritt der DDR sind die wiedererstandenen Länder Mecklenburg-Vorpommern, Brandenburg, Sachsen-Anhalt, Thüringen und Sachsen hinzugekommen. Bei den Vertriebenen aus den alten Ländern Ostdeutschlands jenseits von Oder und Neiße – Ostpreußen, Hinterpommern, Ost-Brandenburg und Schlesien – mischt sich ein Wermutstropfen in die Festtagsstimmung. Ihre Länder sind für Deutschland nun auch rechtlich endgültig verloren. Sie haben für den Größenwahn des »Dritten Reiches« am schwersten bezahlt.

8

9

9. Konstituierende Sitzung des ersten gesamtdeutschen Bundestages im Plenarsaal des Reichstagsgebäudes am 4. Oktober 1990. Neben der schwarz-rot-goldenen Fahne hängt über dem Präsidium das Bundeswappen: der Adler, das alte Symboltier der Deutschen. Im Dreiklang von Fahne, Hymne und Wappen ist es das älteste nationale Symbol, das schon seit dem »Heiligen Römischen Reich Deutscher Nation« als gemeinsames Erkennungszeichen gilt.

Bundeskanzler Helmut Kohl schlägt gleich zu Beginn seiner Rede den Bogen von der Geschichte zur Zukunft des vereinten Deutschland: »Die Politik dieser Regierung wird geprägt sein vom Bewußtsein für die deutsche Geschichte in allen ihren Teilen. Nur wer seine Herkunft kennt – und sich zu ihr bekennt, hat einen Kompaß für seinen Weg in die Zukunft. Wann je hatte ein Volk die Chance, Jahrzehnte der schmerzlichen Trennung auf so friedliche Weise zu überwinden? Ohne Krieg und Gewalt, ohne Blutvergießen, in vollem Einvernehmen mit unseren Nachbarn und Partnern haben wir die Einheit Deutschlands in Freiheit wiederherstellen können. Das ist ein wichtiges Kapitel für unsere Zukunft. Das vereinte Deutschland sieht sich in der Tradition jener freiheitlichen Strömungen unserer Geschichte, die weder Krieg noch Gewaltherrschaft auszulöschen vermochten.«

Unsere nationalen Symbole – Hymne und Fahne – stammen aus dieser freiheitlichen, demokratischen Tradition. Das Wissen um ihre Herkunft und Geschichte kann der Verwurzelung der Demokratie in unserem gemeinsamen Staat nur dienlich sein. Nationalbewußtsein und Demokratiebewußtsein gehören zusammen.

Heiliges
Römisches Reich
Deutscher Nation

10

10. Am 14. Juli 1792 wird der 24jährige Habsburger Franz im Frankfurter Dom zum römisch-deutschen Kaiser gekrönt. Gemeinsam setzen ihm die drei geistlichen Kurfürsten, die Erzbischöfe von Mainz, Köln und Trier, die jahrhundertealte Reichskrone aufs Haupt. Franz II. ist der 54. römische Kaiser seit Karl dem Großen. Noch einmal entfaltet sich in der Wahl-und Krönungsstadt Frankfurt am Main die zeremonielle Pracht des fast tausendjährigen Reiches.

Das frühe Mittelalter sah im Kaiser den Stellvertreter Gottes auf Erden. Der Frankenherrscher Karl der Große war im Jahr 800 in Rom von Papst Leo III. zum Kaiser gekrönt worden. Er und seine Nachfolger empfanden sich als die legitimen Erben des alten römischen Reiches. Der Name »Romanum Imperium« – Römisches Reich – kam aber erst allmählich in Gebrauch. Der Begriff Sacrum Imperium – Heiliges Reich – wurde später ergänzt. Der Zusatz »Deutscher Nation« war seit dem 15. Jahrhundert üblich. Er brachte den deutschen Anspruch auf das Imperium zum Ausdruck, denn seit der Krönung Otto I. zum römischen Kaiser im Jahre 962 stand diese Würde nur einem vorher gewählten deutschen König zu.

11. Kaiser Franz II. mit den seit Jahrhunderten überlieferten Symbolen der Macht: auf dem Haupt die Reichskrone, die bereits für die Krönung Otto I. im Jahre 962 angefertigt wurde; das Kreuz ist Sinnbild für den Kaiser als Stellvertreter Christi auf Erden. In der linken Hand der Reichsapfel aus dem 12. Jahrhundert; er verkörpert das Weltall, als Zeichen des universalen Herrschaftsanspruches. In der rechten Hand das Szepter, das aus dem 14. Jahrhundert stammt.

Das Krönungsornat entspricht dem Ornat eines Bischofs. Es ist ein Zeichen für die ursprünglich religiöse Begründung des Machtanspruchs. Auffallend ist neben dem rot-goldenen Krönungsmantel, der aus dem 13. Jahrhundert stammt, die golddurchwirkte gelbe Stola mit dem schwarzen Adler, dem alten römisch-deutschen Wappentier. Die Stola aus dem 14. Jahrhundert ist wie bei den Klerikern um den Hals gelegt und auf der Brust gekreuzt. Um die Hüfte trägt der Kaiser das Reichsschwert.

Schon Karl der Große, der im Jahr 800 in Rom zum Kaiser gekrönt wurde, ließ in seiner Pfalz in Aachen ein Adlerbild – das Herrschaftszeichen der Römer – anbringen. Seit Kaiser Friedrich I. Barbarossa gehört der Adler zur Repräsentation von Kaiser und Reich. Unter Kaiser Siegmund wird nach 1410 der doppelköpfige Adler zum Symbol des Reiches. Er symbolisiert das »Heilige Römische Reich Deutscher Nation« bis zu seinem Untergang 1806.

11

12

12. Die Reichskrone ist kostbarer Mittelpunkt der in der weltlichen Schatzkammer in Wien ausgestellten Originale der Reichsinsignien und Reichskleinodien. Der Reif der aus massivem Gold gefertigten Krone besteht aus acht Platten, von denen vier ausschließlich mit Edelsteinen und Perlen besetzt sind. Die Stirnplatte weist das christliche Symbol – das Kreuz – auf. Die Krone wie auch die anderen Reichsinsignien waren bis zum 15. Jahrhundert in der Verwahrung der jeweiligen Herrscher. Danach wurden sie in der Nürnberger Heilig-Geist-Kirche aufbewahrt und zu den jeweiligen Krönungsorten transportiert. Als Ende des 18. Jahrhunderts französische Heere Deutschland besetzten, wurden sie – wie auch die Reichskleinodien aus Aachen – nach Wien in Sicherheit gebracht. Als Napoleon Wien besetzte, wurden sie vorübergehend nach Ungarn ausgelagert.

13.–15. Der 21 Zentimeter hohe, mit Perlen und Edelsteinen besetzte Reichsapfel mit dem Kreuz stammt aus dem 12. Jahrhundert.

Darunter das ebenfalls mit Perlen und Edelsteinen reich besetzte Reichskreuz, in dem die wichtigsten Reliquien aufbewahrt wurden: die heilige Lanze und der Span vom Kreuz Christi. Das Reichskreuz stammt vom Anfang des 11. Jahrhunderts und wurde früher wie die Reichskrone und der Reichsapfel in Nürnberg aufbewahrt.

Unten der vergoldete Silberdeckel des Reichsevangeliars, der um 1500 angefertigt wurde. Er stellt in der Mitte den thronenden Gottvater dar. Auf 236 purpur gefärbten Pergamentblättern wurden für Karl den Großen die Texte der vier Evangelien geschrieben und mit Bildern ergänzt. Das Reichsevangeliar ist damit das älteste Kleinod. Es wurde früher in Aachen aufbewahrt. Bei der Krönung leisteten die Kaiser ihren Eid auf das Evangeliar.

13

14

15

16

16. »Was Hellas für Griechenland, was Rom für die Welt, Neapel für Italien, Paris für Frankreich, das ist Frankfurt für Deutschland« schreibt im 16. Jahrhundert der Heidelberger Poet Paulus Melissus. Frankfurt am Main wird unter König Ludwig dem Deutschen Residenz des ostfränkischen Reiches. 852 wird unter seiner Regierung die Salvatorkirche geweiht, aus der später der Dom Sankt Bartholomäus, die Wahl- und Krönungskirche der deutschen Könige und der römisch-deutschen Kaiser hervorgeht.

Die »Goldene Bulle«, das »Grundgesetz« des alten Reiches, bestimmt 1356 Frankfurt als Ort der Königswahl, während die Krönungen weiter in der Aachener Pfalzkapelle vollzogen werden. Seit der Krönung Maximilians II. in Frankfurt 1531 findet hier jedoch auch die Mehrzahl der folgenden Krönungen – zehn von vierzehn – statt.

17. War Frankfurt am Main als Wahl- und Krönungsstadt der römisch-deutschen Kaiser bedeutend, so war Wien als Residenz der Habsburger die eigentliche deutsche Kaiserstadt. Das Haus Habsburg stellt seit 1438 mit Ausnahme des Wittelsbachers Karl VII. (1742–45) die deutschen Herrscher. Die Kaiser verkörpern in ihrer Person und in ihrem Amt die Reichsidee, den Zusammenhalt des »Heiligen Römischen Reiches Deutscher Nation«. Doch seit dem Dreißigjährigen Krieg triumphiert die Zersplitterung. Am Ende des 18. Jahrhunderts umfaßt das Reich 314 souveräne, reichsständische Territorien. Die Stärke des Kaisers besteht vor allem in seiner Stellung als Herrscher über die habsburgischen Erblande.

18. Der Reichskanzleitrakt in der Wiener Hofburg, seit 1730 Sitz der Reichsbehörden. Über dem prachtvollen barocken Gebäude thront eine Nachbildung der goldenen Reichskrone.

Als Träger des Reichsgedankens hat Deutschland durch Jahrhunderte einem christlichen, übernationalen Ziel gedient, während andere Staaten in Europa nur ihre eigenen nationalen Ziele verfolgen. Das Kaisertum der Habsburger verkörperte über lange Zeit das christliche Abendland. Die internationale Verzweigung des Herrscherhauses strahlt auch auf das »Heilige Römische Reich« zurück. Ein Deutschland ohne Österreich, das ist bis weit ins 19. Jahrhundert hinein unvorstellbar.

17

18

19

19. Mit dem Sturm auf die Bastille in Paris am 14. Juli 1789 beginnt die Französische Revolution, die die alte feudale Ordnung in Europa erschüttert und die neuere Geschichte einleitet. Neben Adel und Geistlichkeit treten nun die Bürger als dritter Stand hervor. Ihre Parole heißt: »Freiheit, Gleichheit, Brüderlichkeit!« Im August 1789 erfolgt durch die französische Nationalversammlung die Erklärung der Menschenrechte. Gegen das Gottesgnadentum der Herrscher steht nun die Forderung nach der Souveränität des Volkes, nach Demokratie. Die revolutionären Ereignisse in Frankreich finden auch im deutschen Bürgertum ein lebhaftes Echo.

In Frankreich entsteht als Symbol der neuen Zeit die Trikolore, die Fahne mit den Farben Blau-Weiß-Rot. Aus dem revolutionären Elan erwächst der Anspruch, die alte Ordnung auch in den anderen Staaten zu ändern. So erklärt Frankreich am 20. April 1792, also drei Monate vor der Kaiserkrönung Franz II. in Frankfurt, Österreich den Krieg. Der Einsturz des alten politischen Europa hat damit begonnen.

Vier Tage nach der Kriegserklärung an Österreich verfaßt der Hauptmann Rouget de Lisle in Straßburg das »Kriegslied der Rheinarmee« – »Auf, Kinder des Vaterlandes«. Seinen Namen »Marseillaise« erhält es, als ein Freiwilligen-Bataillon aus Marseille das Kampflied beim Einzug in Paris singt. Am 15. Juli 1795 wird es zur Nationalhymne Frankreichs erklärt.

20. Im Januar 1797 schreibt Joseph Haydn (1732–1809) die Melodie zu einer Hymne auf den deutschen Kaiser Franz II. Bewußt soll die Kaiserhymne der französischen Bedrohung und der »Marseillaise« entgegengesetzt werden. 1796 war bekannt geworden, daß der französische Kriegsminister einen Vorstoß auf Wien plante. Der erfolgreiche General Bonaparte erhält den Oberbefehl über die französischen Truppen in Italien, um Österreich von dort aus zu treffen. Die österreichischen Truppen verlieren eine Stellung nach der anderen. Der Kaiserstadt Wien droht Belagerung und Einnahme. In dieser bedrängten Situation bestellt der Regierungspräsident von Niederösterreich, Franz Josef Graf von Saurau, bei dem Dichter Lorenz Leopold Haschka einen Liedtext auf den Kaiser, um die Einigkeit seiner Untertanen gegen die Gefahr zu beschwören. Joseph Haydn, den berühmten Wiener Komponisten, bittet er um die Vertonung des Liedes.

20

21

21. Haydns Wohnhaus, das er 1793 erwarb, ist heute Museum. Hier entstehen seine bedeutendsten Alterswerke, die Oratorien »Die Schöpfung« und »Die Jahreszeiten«. In diesem Haus stirbt Joseph Haydn am 31. Mai 1809 im Alter von 77 Jahren.

22

22. Der Hammerflügel, an dem Joseph Haydn 1797 die Kaiserhymne komponiert. Der 65jährige Begründer der Sinfonie und Vater der Wiener Klassik kommt erst als reifer Meister zum Liedschaffen. Daß ihm mit »Gott! erhalte Franz den Kaiser« etwas Besonderes gelang, ist ihm bewußt. Er erklärt die Melodie zu seiner »Lieblingsweise«. In einem Bericht des Dichters August Wilhelm Iffland über einen Besuch bei Haydn ist zu lesen: »›Sie sollen meine letzte Komposition hören. Ich habe sie gesetzt, eben als die französische Armee vor drei Jahren auf Wien vordrang.‹ Er stand auf, reichte dem Bedienten den Arm. Wir geleiteten ihn alle drei in unseren Armen zum Pianoforte. Er setzte sich daran nieder und sagte: ›Das Lied heißt: Gott! erhalte Franz den Kaiser.‹ Er spielte hierauf die Melodie ganz durch . . . Nach Endigung des Liedes blieb er noch eine Weile vor dem Instrument stehen, legte beide Hände darauf und sagte mit dem Tone eines ehrwürdigen Patriarchen: ›Ich spiele dieses Lied an jedem Morgen, und oft habe ich Trost und Erhebung daraus genommen, in den Tagen der Unruhe. Ich kann auch nicht anders, ich muß es alle Tage einmal spielen.‹«

23.–25. Joseph Haydns Komposition zu »Gott! erhalte Franz den Kaiser« in seiner eigenen Handschrift, deren Original in der Nationalbibliothek Wien aufbewahrt wird. Nach diesem Klaviersatz wurden die Noten gestochen und vervielfältigt. Als Tempo des Liedes hat Haydn »langsam« angegeben: Volksliedartige Innigkeit sollte die Verbundenheit zum Kaiser ausdrücken.

Die Hymne, die den Zusammenhalt der Untertanen im Heiligen Römischen Reich Deutscher Nation stärken soll, erklingt zum erstenmal öffentlich am 12. Februar 1797, dem Geburtstag des Kaisers. In einem Bericht darüber heißt es: »Um die Wiener während der Kriegszeit in bessere Stimmung zu bringen, spielte abends das Hoftheater eine beliebte Komische Oper, ein Werk von Haydns Jugendfreund Dittersdorf: ›Doktor und Apotheker‹. Noch vor Beginn der Operette hatte man den Haschkaschen Text auf Flugblättern im Theater verteilt, um die Hymne singen zu lassen, sobald der Kaiser die Loge betrat … Nach einmaligem Spielen der Hymne erhob sich plötzlich das ganze Theater und sang dem Monarchen, der in gerührter Verlegenheit dastand, die Textworte zu. Die Begeisterung schwoll über alle Dämme.«

Mit dieser volksliedartigen Melodie, die 1841 der Dichter Hoffmann von Fallersleben als Vertonung für sein »Lied der Deutschen« wählte, ist Haydn der einzige international bekannte Komponist einer Hymne.

23

24

Gott, erhalte den Kaiser!

1.

Gott! erhalte Franz den Kaiser,
Unsern guten Kaiser Franz!
Lange lebe Franz der Kaiser
In des Glückes hellstem Glanz!
Ihm erblühen Lorber-Reiser,
Wo Er geht, zum Ehren-Kranz!
Gott! erhalte Franz den Kaiser,
Unsern guten Kaiser Franz!

2.

Laß von Seiner Fahnen Spitzen
Strahlen Sieg und Furchtbarkeit!
Laß in Seinem Rathe sitzen
Weisheit, Klugheit, Redlichkeit;
Und mit Seiner Hoheit Blitzen
Schalten nur Gerechtigkeit!
Gott! erhalte Franz den Kaiser,
Unsern guten Kaiser Franz!

3.

Ströme deiner Gaben Fülle
Über Ihn, Sein Haus und Reich!
Brich der Bosheit Macht; enthülle
Jeden Schelm- und Buben-Streich!
Dein Gesetz sey stets Sein Wille;
Dieser uns Gesetzen gleich!
Gott! erhalte Franz den Kaiser,
Unsern guten Kaiser Franz!

4.

Froh erleb' Er Seiner Lande,
Seiner Völker höchsten Flor!
Seh' sie, Eins durch Bruder-Bande,
Ragen allen Andern vor;
Und vernehme noch am Rande
Später Gruft der Enkel Chor:
Gott! erhalte Franz den Kaiser,
Unsern guten Kaiser Franz!

25

26

27

26. Die Bergkirche von Eisenstadt im Burgenland. Hier ruhen die sterblichen Reste von Joseph Haydn, der zunächst in Wien begraben war. 1820 erteilte Fürst Nikolaus II. Esterházy, für den Haydn gearbeitet hat, den Auftrag zur Überführung. Die Bergkirche, in der der Komponist so oft die eigenen Messen dirigierte, ist wie sein Wohnhaus in Wien ein Wallfahrtsort für seine Verehrer.

27. Ein Putte, die den Marmorsarkophag im Mausoleum der Bergkirche schmückt, hält das Notenblatt mit den Anfangstakten der »Kaiserhymne« in Händen.

Über Haydn urteilt der große Dirigent Wilhelm Furtwängler: »Joseph Haydn ist einer jener wenigen Großen, denen es vergönnt war, . . . der eigenen Persönlichkeit freien und glücklichen Ausdruck zu geben und doch zugleich den Herzschlag, das Fühlen seines Volkes auszusprechen. Allein schon die Schöpfung jener einen Melodie macht ihn unsterblich, die zuerst als österreichisches Kaiserlied, dann als sogenanntes ›Deutschlandlied‹ nicht umsonst die eigentliche und wahre Nationalhymne der Deutschen wurde, jene Melodie, die mir immer, von welcher Seite man sie auch betrachtet, als das schönste und vollendetste melodisch-musikalische Gebilde erschienen ist, das ich innerhalb der gesamten Musikgeschichte kenne. Wahrhaftig, diese Melodie ist von ebenso vollendet ästhetischem Gleichmaß wie gedrängter Kraft, ist ebenso erfüllt von strahlendem Glanz und überquellender Wärme wie von urtümlicher Weite und Größe des Gefühls und hat in der eigenen Vereinigung von innerem Adel und großartigem, die Herzen höher schlagen lassendem Gemeingefühl nicht ihresgleichen.«

28

28. Der Einzug Napoleons in Berlin am 27. Oktober 1806. Wenige Tage vorher hat er die preußischen Truppen in der Schlacht bei Jena und Auerstedt besiegt. Die Ideale der Revolution sind vergessen. Hier kommt ein Eroberer, der die Herrschaft über Deutschland und Europa will. 1804 hat sich Napoleon selbst, in Anwesenheit des Papstes, zum erblichen Kaiser der Franzosen gekrönt. Seine Truppen sind bereits in Wien einmarschiert. Österreich muß einen demütigenden Frieden schließen.

Im Juli 1806 begehen die meisten deutschen Fürsten Landes- und Hochverrat, indem sie dem sogenannten Rheinbund beitreten, einem politischen Gebilde von Napoleons Gnaden. Zugleich erklären sie ihren »Austritt« aus dem alten Verband des Heiligen Römischen Reiches. Daraufhin proklamiert Kaiser Franz II. in Wien am 6. August 1806 die Auflösung des Reiches. Unter dem Eroberungswillen Napoleons bricht das 900 Jahre alte Reichsgebilde in sich zusammen. Resignierend erklärt der Kaiser, der fortan nur noch als Kaiser Franz I. Souverän von Österreich ist, seinen Entschluß: »Bei der Überzeugung von der gänzlichen Unmöglichkeit, die Pflichten Unseres kaiserlichen Amtes länger zu erfüllen, sind Wir es Unseren Grundsätzen und Unserer Würde schuldig, auf eine Krone zu verzichten, welche nur solange Wert in Unseren Augen haben konnte, als Wir dem von Kurfürsten, Fürsten und Ständen und übrigen Angehörigen des Deutschen Reiches Uns bezeugten Zutrauen zu entsprechen und den übernommenen Obliegenheiten ein Genüge zu leisten imstande waren.« Das »Erste Deutsche Reich« hat mit dieser Erklärung sein Ende gefunden.

Nach dem Einzug in Berlin läßt Napoleon die Quadriga vom Brandenburger Tor abnehmen und nach Paris bringen. Dieser Raub ist eine Demütigung für alle Berliner und Preußen, für alle Deutschen! Durch ihn wird das Tor zum nationalen Symbol. Nach dem Sieg über Napoleon wird die Rückkehr der Quadriga 1814 zu einem triumphalen Jubelfest.

Über den Nationalcharakter der Deutschen äußert sich ihr Eroberer Napoleon so: »Es gibt kein gutmütigeres, aber auch kein leichtgläubigeres Volk als das deutsche. Zwiespalt brauchte ich unter ihnen nicht zu säen. Ich brauchte nur meine Netze auszuspannen, dann liefen sie wie scheues Wild hinein. Untereinander haben sie sich gewürgt, und sie meinen, damit ihre Pflicht zu tun. Törichter ist kein anderes Volk auf der Erde.«

29

30

31

29. Die napoleonische Fremdherrschaft über Europa ruft den Widerstand der unterdrückten Völker hervor. Das 1813 vom preußischen Major Adolf von Lützow gegründete Freikorps ist beispielgebend für den nationalen Verteidigungswillen der Deutschen. Als Freiwillige melden sich vor allem Dichter, Maler, Professoren und Studenten. Ihre Uniform – schwarze Röcke, rote Aufschläge, goldene Knöpfe – wird zum Ausgangspunkt für die deutsche Fahne – Schwarz-Rot-Gold. Das Gemälde von Georg Friedrich Kersting zeigt seine Waffenbrüder Körner, Friesen und Hartmann auf Vorposten. Alle drei fanden im Kampf gegen Napoleon den Tod.

30., 31. Das 61 Meter hohe Völkerschlachtdenkmal in Leipzig, das 1898 bis 1913 errichtet wurde, erinnert an den entscheidenden Sieg der Koalition über Napoleons Truppen. Die verbündeten Armeen von Preußen, Rußland, Österreich und Schweden (insgesamt 200000 Mann) kämpften vom 16. bis 19. Okober 1813 hier gegen die Franzosen und die Soldaten der Rheinbundstaten (insgesamt 190000 Mann).

Am Sockel des riesigen Denkmals steht als Kämpfer in eherner Rüstung mit Helm, Schild und Schwert der Erzengel Sankt Michael, der Schutzpatron der Deutschen und Pate des Deutschen Michel.

Deutscher Bund (1815–1866)

32

33

32. Vertreter der Siegerstaaten über Napoleon und Vertreter Frankreichs tagen von November 1814 bis Juni 1815 in Wien. Der sogenannte Wiener Kongreß schafft eine neue politische Ordnung, die aber vor allem die alte Macht der Herrscher wiederherstellt. Der österreichische Staatskanzler Fürst Metternich (im Bild vor dem Stuhl stehend) begründet ein System des europäischen Gleichgewichts der Staaten. Für Jahrzehnte verkörpert er das Zeitalter der Restauration. »Der Deutsche Bund«, dessen Gründungsakte am 8. Juni 1815 unterzeichnet wird, ist ein lockerer Zusammenschluß von 35 souveränen Herrschern und den vier freien Städten Hamburg, Bremen, Lübeck und Frankfurt am Main. Diese Konstruktion der in Wien versammelten Fürsten und Diplomaten enttäuscht das Volk. Die großen Hoffnungen der Freiheitskämpfer von 1813/14 auf ein einheitliches Deutschland und durch Verfassung garantierte Rechte werden nicht erfüllt.

33. Der Bundestag in Frankfurt am Main. Hier tagen die Gesandten der 39 Mitglieder des Deutschen Bundes. In dieser Bundesversammlung führt Österreich den Vorsitz. Metternich kann von Wien aus mitregieren. Er bekämpft alle Bestrebungen für einen deutschen Nationalstaat, weil sie eine Gefahr für das Kaiserreich Österreich-Ungarn – ein Vielvölkerstaat – darstellen.

34. Am 12. Juni 1815 gründen national gesinnte Studenten in Jena die Burschenschaft. Neun von elf Gründern haben dem Lützowschen Freikorps angehört. So wählen sie für ihre Fahne dessen Farben. In der Verfassungsurkunde heißt es: »Eingedenk, daß bei den jugendlichen Freuden auch stets der Ernst des Lebens zu bedenken sei, bestimmten sie Rot und Schwarz zu den Farben ihres Paniers.« Das Gold der Lützower Uniformknöpfe findet sich in den Fransen dieser ältesten deutschen Fahne wieder. Seit dem Zweiten Weltkrieg wird sie von der Jenaischen Burschenschaft in ihrem Haus in Mainz aufbewahrt.

35. Das Burschenschaftsdenkmal vor der Universität Jena, das 1883 errichtet wurde. Die Universität Jena ist in den Jahren um 1800 die bedeutendste deutsche Hochschule. Hier lehren der Dichter und Historiker Friedrich Schiller, die Philosophen Johann Gottlieb Fichte, Friedrich Schelling und Georg Hegel. 1806 beginnt in Jena Heinrich Luden seine Vorlesung über deutsche Geschichte. Angesichts der französischen Besetzung ruft er zu einem deutschen Nationalbewußtsein auf.

34

35

36

36. Am vierten Jahrestag der Völkerschlacht bei Leipzig, dem 18. Oktober 1817, ziehen Studenten aus vielen deutschen Staaten mit der rot-schwarz-roten Fahne auf die Wartburg bei Eisenach, um für Einheit und Freiheit zu demonstrieren (der zeitgenössische Stich zeigt irrtümlich bereits die Farben Schwarz-Rot-Gold). In dem Bericht eines Teilnehmers an Heinrich von Gagern, dem späteren Präsidenten des ersten deutschen Parlaments in Frankfurt am Main, heißt es: »Um acht Uhr trafen wir uns auf dem Marktplatz und versammelten uns um die herrliche Fahne, die Jenas Frauen schon 1816 für die Burschenschaft genäht haben ... Die Kommilitonen, auch die Professoren, meist angezogen wie die Lützower, manche auch mit den Lützower Schwertern in der schwarzen Lederscheide und den goldenen Griffen an der Seite, sangen Körners Lied ›Das Schwert an meiner Linken, was soll dein heiteres Blinken!‹

Als wir den Burghof erreichten und Binzers Jena-Lied kaum verklungen war, da hörten wir plötzlich das Gedicht von Ernst Moritz Arndt, das wohl alle zutiefst ergriff...

›Was ist des Deutschen Vaterland, ist's Preußen, ist's Schwabenland, ist's wo am Rhein die Rebe blüht, ist's wo am Belt die Möwe zieht, oh nein, nein, nein, sein Vaterland muß größer sein. Das ganze Deutschland soll es sein, oh Gott im Himmel sieh herein und gib' uns echten Deutschen Mut, daß wir es lieben treu und gut, das soll es sein, das ganze Deutschland soll es sein.‹«

37. Seit dem 3. Oktober 1990, dem Tag der wiedererlangten deutschen Einheit, weht an nationalen Gedenk- und Feiertagen wieder das altehrwürdige Schwarz-Rot-Gold über der Wartburg. Kaum eine andere Burg in Deutschland hat eine derart bewegte Vergangenheit. Die Wartburg war Ort des legendären »Sängerkriegs« der mittelalterlichen Minnesänger. Hier wirkte die heilige Elisabeth von Thüringen. Hier schuf der Kirchenreformator Martin Luther die deutsche Schriftsprache mit seiner Bibelübersetzung. Heute ist die Wartburg selbst ein Nationalsymbol der Deutschen.

38. Die »Wartburgfahne« im Festsaal des Palas der Burg. Sie ist eine größere Kopie des Originals, das am 18. Oktober 1817 beim ersten Treffen der Burschenschafter auf der Wartburg mitgeführt wurde und heute im Stadtmuseum von Jena aufbewahrt wird.

Anlaß für die Zusammenkunft sind die Dreihundertjahrfeier der Reformation Martin Luthers und der Jahrestag des Sieges der Verbündeten über Napoleon am 18. Oktober 1813 in der Völkerschlacht bei Leipzig. Außerdem will man Anstöße geben für eine freiheitliche Entwicklung in den deutschen Staaten, wie sie im Großherzogtum Sachsen-Weimar-Eisenach mit der Verfassung vom 5. Mai 1816 bereits eingeleitet ist.

37

38

39

40

39., 40. Das Original der »Wartburgfahne« im Stadtmuseum Jena. Sie wurde, wie es in der eingestickten Inschrift am Rand der Fahne heißt, »von den Frauen und Jungfrauen zu Jena am 31. März 1816« der Burschenschaft überreicht. Zum erstenmal sind hier drei Farbbahnen (rot-schwarz-rot) gewählt, was vermutlich auf den Entfluß der französischen Trikolore zurückzuführen ist. Zusätzlich zu den goldenen Fransen ist ein goldener Eichenzweig eingestickt. Vor der Fahne hängt das Schwert der Burschenschaft, das wie die Fahne dem Zug auf die Wartburg vorausgetragen wurde.

Mit dem Beginn der Verfolgung der Burschenschafter 1819 mußte diese Fahne als Symbol des Kampfes für Einheit und Freiheit in Deutschland vor dem Zugriff der Reaktion versteckt werden. Zeitweise unter einer Altardecke verborgen, wurde sie 1836 in die Schweiz in Sicherheit gebracht. Erst 1858 kehrte sie wieder nach Deutschland zurück.

41

42

41. Am Abend des 18. Oktober 1817 verbrennen die Studenten auf dem der Wartburg benachbarten Wartenberg die verhaßten Symbole des Absolutismus: einen hessischen Perükkenzopf, einen Ulanenschnürleib, einen österreichischen Korporalstock und Bücher des Schriftstellers Kotzebue, den man für einen Spion des Zaren hält. Im Gegensatz zur herrschenden Mode tragen die Burschenschafter die altdeutsche Tracht, den schwarzen Rock mit aufliegendem offenen Kragen. Sie fordern den Umsturz des bestehenden Systems, die Schaffung eines einigen und freien Deutschlands. Es ist eine deutliche Provokation des von Fürst Metternich installierten Deutschen Bundes. Metternich veranlaßt daraufhin die sogenannten Karlsbader Beschlüsse. Die Burschenschaften und ihre Fahne werden verboten. Auf diesem Holzstich wird die »Wartburgfahne« nicht, wie es historisch richtig wäre, mit Rot-Schwarz-Rot dargestellt, sondern schon mit dem späteren Schwarz-Rot-Gold.

42. Die Lutherstube auf der Wartburg, in der der verfolgte Kirchenreformator die Bibel übersetzte. Martin Luther vor allem ist für die Burschenschafter das mutige Vorbild für ihren Kampf um bessere Verhältnisse in Deutschland. In der am 18. Oktober 1817 auf der Wartburg zu Ehren Luthers gehaltenen Rede des Studenten Heinrich Riemann heißt es: »Du Mann Gottes, du starker Fels der Kirche Christi, der du mit eisernem Muthe gegen die Finsternis ankämpftest, der du auf dieser Burg den Teufel bezwangst, nimm unser Gelübde an, wenn dein Geist noch in Gemeinschaft mit uns steht! Euch, Geister unserer erschlagenen Helden, Schill und Scharnhorst, Körner und Friesen, Braunschweig-Oels und ihr andern alle, die ihr euer Herzblut vergossen habt für des Deutschen Landes Herrlichkeit und Freiheit . . . euch rufen wir auf zu Zeugen unseres Gelübdes . . . daß wir unserm Volke zeigen wollen, was es von seiner Jugend zu hoffen hat, welcher Geist sie beseelt, wie Eintracht und Brudersinn von uns geehrt werden, wie wir ringen und streben.«

43

44

43. Am 27. Mai 1832 versammeln sich auf dem Schloßberg von Hambach in der Pfalz rund 30000 Männer und Frauen aus fast allen Teilen Deutschlands. Es ist nach dem Wartburgfest die erste große nationale Kundgebung für Einheit und Freiheit. Die Farben Schwarz, Rot, Gold setzen sich hier endgültig durch. Philip Jakob Siebenpfeifer, der Initiator des Treffens, dichtet für diesen Tag:

»Hinauf, Patrioten, zum Schloß, zum Schloß!
Hoch flattern die deutschen Farben:
Es keimet die Saat und die Hoffnung ist groß,
Schon binden im Geiste wir Garben:
Es reifet die Ähre mit goldenem Rand,
Und die goldene Ernt' ist das Vaterland.«

44. Diese Fahne, die sich heute im Heimatmuseum in Neustadt an der Weinstraße befindet, wurde dem Zug zum Hambacher Schloß vorangetragen. Die Inschrift machte das Ziel der Beteiligten deutlich, die Errichtung eines deutschen Nationalstaates. Schwarz-Rot-Gold und der Einheitswunsch stehen fortan zusammen. Georg Büchner verkündet in seinem »Hessischen Landboten«: »Deutschland, das jetzt die Fürsten schinden, wird als ein Freistaat mit einer vom Volk gewählten Obrigkeit wieder auferstehen.«

45. Freiheit und nationale Einheit sind 1832 die zentralen Themen auf dem Hambacher Schloßberg (hier die heutige Ansicht des Schlosses). Doch der Blick reicht weiter. Der Publizist Johann Georg August Wirth beendet seine Rede: »Dreimal hoch leben die vereinigten Freistaaten Deutschlands! Dreimal hoch das konföderierte republikanische Europa!« Die Reform Deutschlands nennt er »die Basis der Reorganisation Europas, eine große gemeinsame Angelegenheit aller Völker unseres Erdteils«.

45

46

46. Um 1840 wird in Frankreich immer lauter die Aufhebung der Verträge von 1815 und damit die Rückgewinnung der Rheingrenze gefordert. Die Deutschen reagieren empört. Der Bonner Nikolaus Becker dichtet:

»Sie sollen ihn nicht haben
den freien deutschen Rhein
ob sie gleich gier'gen Raben
sich heiser danach schrei'n.«

Hier, bei der Pfalz bei Kaub, war in der Neujahrsnacht 1813/14 Marschall Blücher mit seiner Schlesischen Armee übergesetzt, um die alten linksrheinischen deutschen Gebiete von den französischen Truppen zu befreien.

47

47. August Heinrich Hoffmann (1798–1874), der sich nach seinem Geburtsort von Fallersleben nennt, lebt seit 1823 in Breslau, wo er 1830 Professor für Germanistik wird. Er sammelt Volkslieder und schreibt politische Gedichte. 1840 veröffentlicht er eine Sammlung seiner Verse unter dem Titel »Unpolitische Lieder«, einer bewußten Irreführung der Zensur. Gegen alles Reaktionäre wünscht er sich den »Knüppel aus dem Sack«, wie er ein Gedicht aus dem Jahre 1837 überschrieb. Seine Verse rufen nach gesellschaftlichen und politischen Veränderungen; sein größter Wunsch jedoch ist die nationale Einheit, die Überwindung des Egoismus der deutschen Teilstaaten bzw. ihrer Fürsten.

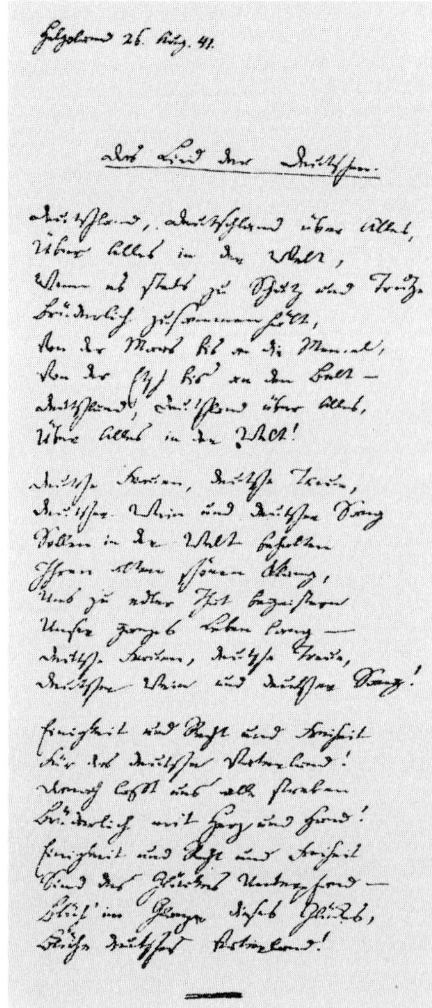

Helgoland 26. Aug. 41.

Das Lied der Deutschen.

Deutschland, Deutschland über alles,
Über alles in der Welt,
Wenn es stets zu Schutz und Trutze
Brüderlich zusammenhält,
Von der Maas bis an die Memel,
Von der Etsch bis an den Belt –
Deutschland, Deutschland über alles,
Über alles in der Welt!

Deutsche Frauen, deutsche Treue,
Deutscher Wein und deutscher Sang
Sollen in der Welt behalten
Ihren alten schönen Klang,
Uns zu edler That begeistern
Unser ganzes Leben lang –
Deutsche Frauen, deutsche Treue,
Deutscher Wein und deutscher Sang!

Einigkeit und Recht und Freiheit
Für das deutsche Vaterland!
Danach lasst uns alle streben
Brüderlich mit Herz und Hand!
Einigkeit und Recht und Freiheit
Sind des Glückes Unterpfand –
Blüh' im Glanze dieses Glückes,
Blühe deutsches Vaterland!

48

48. Der handschriftliche Text des Deutschlandliedes, wie ihn Hoffmann von Fallersleben am 26. August 1841 auf der Insel Helgoland niederschrieb (siehe auch den gedruckten Text auf der folgenden Doppelseite).

49

50

49., 50. Im August 1841 hält sich Hoffmann von Fallersleben auf der Insel Helgoland auf, die seit 1806 zu England gehört und als Badeort in Mode ist (oben: Ansicht aus dem Jahre 1840, unten: Helgoland heute). Am 26. August geht er auf dem Oberland der Insel am Rande der Klippen spazieren. Er denkt, wie so oft, an Deutschland, dem er nichts sehnlicher wünscht als Einheit, Recht und Freiheit. Er will seine Leidenschaft für Deutschland den Menschen mitteilen. Er achtet alle Völker und Länder, doch die Liebe zu Deutschland geht ihm »über alles«. Er muß dichten, auch wenn er, wie er später schreibt, »es nicht gewollt hätte«. Fast wie von selbst entstehen die drei Strophen, die er später in seinem Quartier zu Papier bringt und mit »Das Lied der Deutschen« überschreibt.

Das Lied der Deutschen.

51

51

52

51., 52. Am 28. August 1841 kommt Hoffmanns Verleger Julius Campe nach Helgoland. Am nächsten Tage erzählt ihm der Dichter: »Ich habe ein Lied gemacht, das kostet aber vier Louisdor.« Im Konversationshaus der Insel liest er es Campe vor. Der legt vier Louisdor auf den Tisch und sagt: »Hoffmann, Ihr Lied braucht eine Melodie.«

»Natürlich habe ich daran gedacht«, antwortet Hoffmann. »Haydns Melodie der Kaiserhymne war mir im Ohr, als ich die Verse schuf. Es ist eine wunderbare Weise, und fast alle Deutschen kennen sie. Nun wird also der Text ausgewechselt, der Kaiser weicht, und Deutschland kommt hinein . . .«

»Eine sehr gute Idee«, unterbricht ihn Campe. »Schreiben Sie mir sofort den Text ab, ich lasse ihn zusammen mit der Haydnschen Melodie drukken. Ich reise morgen ab.«

Schon am 1. September 1841, also nur drei Tage nach diesem Zusammentreffen, liegt »Das Lied der Deutschen« als Einzeldruck vor. Die Haydnsche Melodie ist für Singstimme, Klavier und Gitarre arrangiert.

53

53. Das Geburtshaus des Dichters in Fallersleben, heute ein Ortsteil von Wolfsburg, nordöstlich von Braunschweig. Hier wurde August Heinrich Hoffmann am 2. April 1798 als Sohn eines Kaufmanns geboren. Er schreibt rund dreitausend Gedichte, von denen manche so populär werden, daß man sie irrtümlich für Volkslieder hält, zum Beispiel: »Kuckuck, Kuckuck ruft's aus dem Wald«, »Alle Vöglein sind schon da«, »Ein Männlein steht im Walde«, »Ein Vogel wollte Hochzeit machen« oder »Morgen kommt der Weihnachtsmann«.

54

55

54. Am 19. Januar 1874 stirbt Hoffmann von Fallersleben im Alter von 76 Jahren. Auf dem Friedhof der tausendjährigen Benediktinerabtei Corvey, in der er zuletzt als Bibliothekar arbeitete, findet er seine letzte Ruhestätte. Wegen seiner revolutionären und vaterländischen Lieder hatte er 1842 sein Professorenamt in Preußen verloren. Der Dichter des »Liedes der Deutschen« war in seinem Vaterland jahrelang ein politisch Verfolgter.

55. Das Kölner Dombaufest am 14. August 1842. Der zeitgenössische Holzstich zeigt die schwarz-rot-goldene Fahne auf dem unvollendeten Turm. Mit der Wiederaufnahme der seit dem 16. Jahrhundert ruhenden Bauarbeiten will der preußische König Friedrich Wilhelm IV. im rheinischen Preußen ein Nationaldenkmal schaffen. Die Vollendung des Kölner Doms soll als Symbol für ein neues Zeitalter deutscher Einheit und kirchlicher Versöhnung zwischen Protestanten und Katholiken gelten.

In Köln erklärt der preußische König: »Hier, wo der Grundstein liegt, sollen sich die schönsten Tore der ganzen Welt erheben. Deutschland baut sie, so mögen sie für Deutschland durch Gottes Gnade Tore einer neuen, großen, guten Zeit werden.«

Von österreichischer Seite nehmen Staatskanzler Fürst Metternich und Erzherzog Johann an dem Dombaufest teil.

56

56. Der Funke der Französischen Revolution im Februar 1848 springt auch auf deutsche Städte über. Wie hier in Berlin kommt es im März zu spontanen Aufständen. Die erschreckten Regierungen zeigen sich nachgiebig, der Deutsche Bundestag in Frankfurt hebt die Zensur auf, erklärt den alten deutschen Reichsadler zum deutschen Wappen und Schwarz-Rot-Gold zu den Farben des Deutschen Bundes. Am 5. März 1848 beschließen 51 Demokraten in Heidelberg die Einberufung eines Vorparlaments nach Frankfurt am Main. Am 31. März kommt es auch in Wien zur Revolution. Metternich, seit 1806 Staatsminister und Symbol der alten Mächteordnung in Europa, flieht nach Großbritannien.

In Berlin versucht König Friedrich Wilhelm, unter dem Eindruck des Metternich-Sturzes, den Bürgern mit einem liberalen Programm zu gefallen. Am 18. März verkündet er die Aufhebung der Zensur, beruft den Vereinigten Landtag ein und bekennt sich zur Notwendigkeit einer »konstitutionellen Verfassung« für Deutschland. Das Echo der Bürger ist zwiespältig. In der Nacht vom 18. zum 19. März fordern blutige Straßenkämpfe zwischen Militär und Bürgern mehr als 200 Tote: die »März-Gefallenen«.

57

57. Am Morgen des 19. März läßt der König den Kampf einstellen und ordnet den Abzug der Truppen aus Berlin an. Die Revolution hat in der preußischen Hauptstadt vorerst gesiegt. Der König stellt sich nunmehr öffentlich auf die Seite der Revolutionäre und nimmt an der Ehrung für die »März-Gefallenen« auf dem Schloßplatz teil. Am 21. März unternimmt er gemeinsam mit den neuberufenen Ministern den berühmt gewordenen »Umritt durch die Residenzstadt«, am Arm die schwarz-rot-goldenen Farben. Vor der Berliner Universität sagt er: »Ich trage die Farben, die nicht mein sind, aber ich will keine Krone, keine Herrschaft, ich will Deutschlands Freiheit, Deutschlands Einigkeit, ich will Ordnung, das schwöre ich zu Gott.« Die Studenten und die Bürger jubeln. In einer offiziellen Proklamation vom gleichen Tage verspricht der König noch mehr: »Deutschland wird sich mir mit Vertrauen anschließen . . . Preußen geht fortan in Deutschland auf.«

Ein Straßenplakat vom 21. März belegt die Stimmung und die Hoffnung vieler Bürger:

»An die deutsche Nation!
Eine neue, glorreiche Geschichte hebt mit dem heutigen Tage für Euch an! Ihr seid fortan wieder eine einige, große Nation, stark, frei und mächtig im Herzen Europas! Preußens Friedrich Wilhelm IV. hat sich im Vertrauen auf Euren heldenmütigen Beistand und Eure geistige Wiedergeburt zur Rettung Deutschlands an die Spitze des gesamten Vaterlandes gestellt . . . Heil und Segen dem konstitutionellen Fürsten, dem Führer des gesamten deutschen Volkes, dem neuen Könige der freien, wiedergeborenen deutschen Nation!«

58

58. Der Versuch des preußischen Königs, seine innenpolitische Niederlage gleichsam durch die nationalrevolutionäre Flucht nach vorn wettzumachen, ist allzu durchsichtig. Für eine Führungsrolle in Deutschland hat der preußische König keine Legitimation. Die Augen der Deutschen richten sich vielmehr nach Frankfurt am Main, wo das Vorparlament zusammentritt. Vom 31. März bis zum 3. April 1848 tagen in der Paulskirche 574 Abgeordnete aus ganz Deutschland. Unter ihnen sind die Liberalen in der Mehrzahl. Ihr Wortführer, Heinrich von Gagern, formuliert ihr Programm: »Freiheit, Volkssouveränität, Monarchie.«

Doch die radikale Minderheit ist damit nicht zufrieden. Ihr Vertreter, Gustav von Struve, fordert die Aufhebung der Monarchie, eine föderative Republik nach dem Muster der USA, die Abschaffung des Berufsmilitärs und des Berufsbeamtentums sowie die Trennung von Kirche und Staat. Um den revolutionären Schwung nicht zu verlieren, will Struve das Vorparlament bis zum Zusammentritt der gewählten Nationalversammlung tagen lassen und mit einem Exekutivausschuß »die Wiederherstellung Deutschlands« vorbereiten.

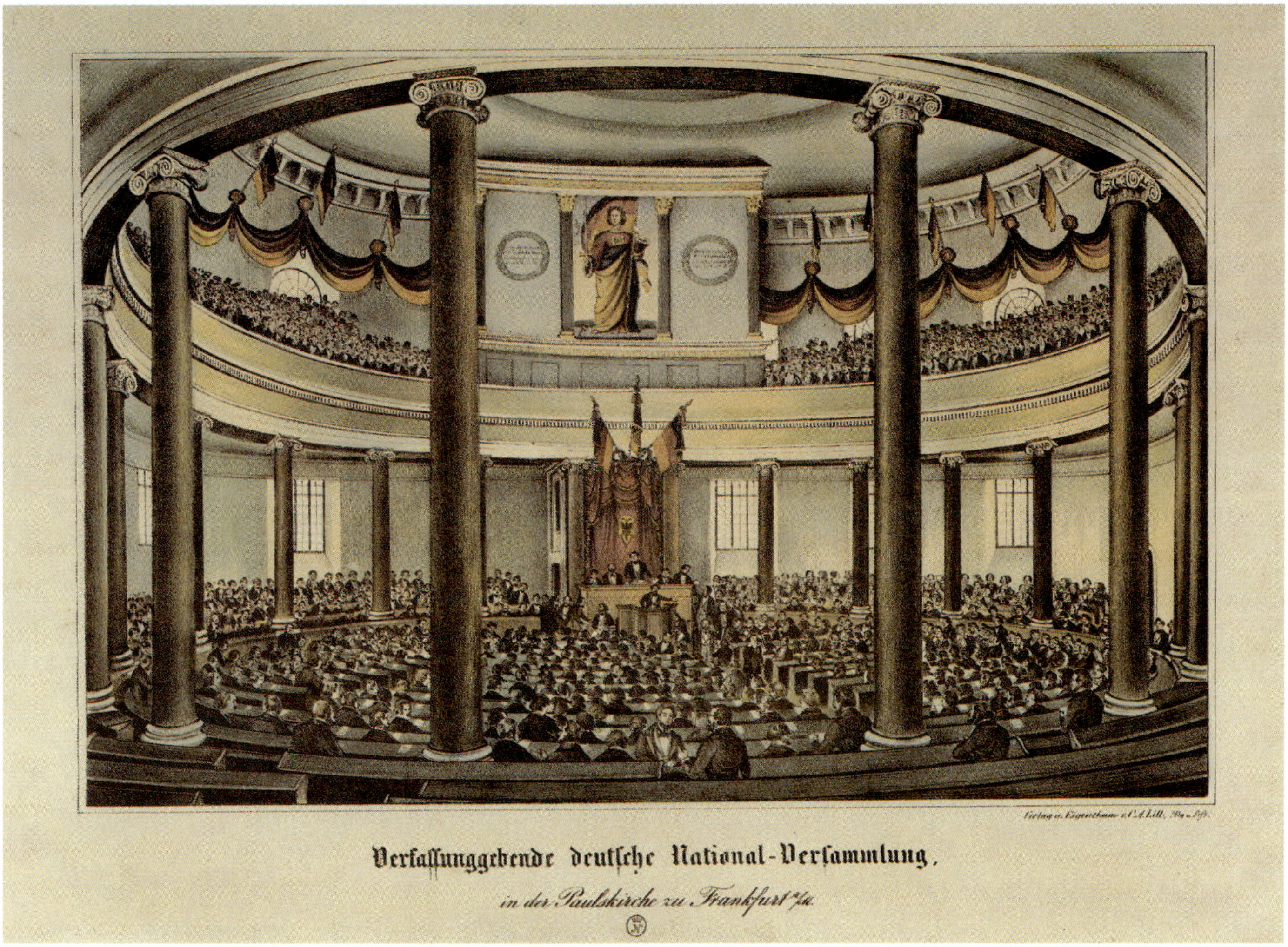

59

59. Am 18. Mai 1848 tritt in der Frankfurter Paulskirche die erste Deutsche Nationalversammlung zusammen. Die Begeisterung, mit der die Deutschen die Anfänge ihres Parlaments begleiten, ist enorm und gibt den Abgeordneten in den ersten Monaten ein großes Selbstbewußtsein. Der Liberale Heinrich von Gagern wird zum Präsidenten der Nationalversammlung gewählt. In seiner Antrittsrede sagt er: »Wir haben die größte Aufgabe zu erfüllen. Wir sollen eine Verfassung für Deutschland schaffen, für das gesamte Reich . . . Deutschland will eins sein, ein Reich, regiert vom Willen des Volkes . . . Über die Forderung der Einheit ist kein Zweifel. Es ist die Forderung der ganzen Nation.«

Das Frankfurter Parlament ist eine Versammlung der bedeutendsten Männer der Zeit, unter ihnen die Dichter und Wissenschaftler Ernst Moritz Arndt, Ludwig Uhland, Jakob Grimm. Auch der badische Liberale Karl Welcker, dem das erste Singen des Deutschlandliedes in Hamburg 1841 galt, ist dabei. Es ist das gebildetste Parlament der deutschen Geschichte, doch es bleibt eine rein bürgerliche Versammlung. Unter den 600 Abgeordneten gibt es viele Gelehrte, Kaufleute, Beamte und Industrielle, aber nur einen einzigen Bauern und keinen Arbeiter.

Die Paulskirche ist mit Schwarz-Rot-Gold und dem Bundesadler geschmückt. In der Mitte der Empore thront über der Präsidentenbank wie ein säkulares Altarbild die Germania, ein Gemälde von Philipp Veit (siehe folgende Seite).

60

60. Das Monumental-Gemälde der Germania (4,80 m hoch und 3,20 m breit) malte Philipp Veit im März 1848 für die Paulskirche. Die Germania, die Personifikation Deutschlands, trägt auf ihrem Kopf einen Kranz von Eichenlaub. Die Eiche gilt als der Baum der Deutschen. In der linken Hand hält sie die schwarz-rot-goldene Fahne, Symbol der Einheit Deutschlands, in der Rechten Schwert und Ölzweig, was auf den Schutz des Friedens deutet. Der Doppeladler auf der Brust erinnert an das 1806 untergegangene Heilige Römische Reich Deutscher Nation. Zu ihren Füßen liegen die zerborstenen Fesseln als Zeichen ihrer wiedergewonnenen Macht. Das Gemälde appelliert an die Abgeordneten der Nationalversammlung, einen deutschen Nationalstaat zu schaffen.

61. Der »Michel« ist die Nationalfigur der Deutschen. Sie geht zurück auf den Erzengel Michael, den Schutzpatron des Fränkischen und später Deutschen Reiches. Auf den Sturmbannern mittelalterlicher Heere prangte sein Bildnis. Das spöttische Wort »teutscher Michel« taucht zum ersten Mal 1541 in Sebastian Francks Sprichwörtersammlung auf. In der Karikatur ist er zumeist der ungebildete, gutmütige »Michel mit der Zipfelmütze«, der das »schlafende« Nationalbewußtsein symbolisiert. Heinrich Heine gebraucht 1840 dieses Bild des verschlafenen Michels, der ein Riese ist: »Ich mußte politische Annalen herausgeben, die Leidenschaften aufstacheln, den armen deutschen Michel beständig an der Nase zupfen, daß er aus seinem gesunden Riesenschlaf erwache. Freilich, ich konnte dadurch bei dem schlafenden Giganten nur ein sanftes Niesen, keineswegs aber ein Erwachen bewirken . . .«

Auf dieser Karikatur aus dem Jahr 1848 ist der deutsche Michel zum Revolutionär geworden. Er trägt keine Zipfelmütze mehr, sondern den Jacobinerhut mit einer schwarz-rot-goldenen Kokarde. Er ist mit Gewehr und Schwert bewaffnet und beseitigt mit einem Besen die Symbole der monarchischen und klerikalen Herrschaft: Kronen, Wappen, Adelsbriefe, Rosenkranz und die Schere der Zensur. Hinter ihm die Symbole der neuen Zeit: die Druckerpresse für die Pressefreiheit, der mit der deutschen Fahne geschmückte Freiheitsbaum für die nationale Einheit unter freiheitlicher Verfassung.

61

62

62. Einzug des Reichsverwesers, des österreichischen Erzherzogs Johann, in Frankfurt am Main am 11. Juli 1848. Nach 42 Jahren hat Deutschland damit wieder ein gemeinsames Oberhaupt. Der Einzug des Erzherzogs wird zu einem triumphalen Ereignis. Ganz Frankfurt prangt in Schwarz-Rot-Gold. Er selbst scheint sich in der Hoffnung zu wiegen, eine Art Volkskaiser eines wiedervereinigten deutsch-österreichischen Reiches zu sein. Das »Reichsgesetz über die Einführung einer provisorischen Zentralgewalt für Deutschland«, das die Nationalversammlung verabschiedet hat, verleiht ihm den militärischen Oberbefehl und die völkerrechtliche Vertretung Deutschlands. Wie es das Gesetz ebenfalls vorsieht, beruft der Reichsverweser ein Reichsministerium ein – die erste gesamtdeutsche Regierung.

63. Das schwarz-rot-gold beflaggte Palais Thurn und Taxis in Frankfurt. Hier tagte seit 1816 der Bundestag, der nun im Namen seiner 39 Regierungen beschließt, alle seine verfassungsmäßigen Rechte an die neue provisorische Zentralgewalt, insbesondere in die Hände des Reichsverwesers, zu übergeben. Er spricht die Erwartung aus, daß »für die Einheit, die Macht und die Freiheit Deutschlands Großes und Erfolgreiches erzielt« werde, und erklärt seine bisherige Tätigkeit für beendet. Mit der Wahl des Erzherzogs zum Reichsverweser ist ein geschickter Ausweg aus vielerlei Schwierigkeiten gefunden, der auf breite Zustimmung stößt. Auf der »rechten« Seite stimmt man für ihn, weil er ein Erzherzog ist, auf der »Linken« ist man froh, daß man mit ihm den alten Bundestag los ist. Am 15. Juli 1848 wendet sich der Reichsverweser an »das deutsche Volk«. In der Proklamation heißt es unter anderem: »Deutsche! Nach Jahren des Druckes wird Euch die Freiheit voll und unverkürzt gewährt. Ihr verdient sie, denn Ihr habt sie mutig und beharrlich erstrebt. Sie wird Euch nimmer entzogen, denn Ihr werdet sie zu wahren wissen ... Sollte aber die

63

deutsche Ehre, das deutsche Recht gefährdet werden, dann wird das tapfere deutsche Heer für das Vaterland zu kämpfen und zu siegen wissen.«

Doch schon bei der Frage der Vereidigung des Militärs auf den Reichsverweser zeigt sich, daß die beiden deutschen Vormächte Österreich und Preußen keineswegs gewillt sind, sich der Zentralgewalt unterzuordnen. Da sich die Reichsregierung mit der Weigerung dieser beiden Staaten, ihre Truppen dem Reichsverweser zu unterstellen, abfindet und zugleich darauf verzichtet, ein nationales Volksheer aufzubauen, bleibt die neue deutsche Zentralgewalt ohne militärische Macht – ein Hauptgrund für ihr späteres Scheitern.

Eine der wichtigsten Fragen, denen sich Nationalversammlung und Reichsregierung zuwenden müssen, ist das Problem der Grenze des neuen Nationalstaates. Der Versuch, die europäische Staatenwelt nach nationalen Kriterien neu zu ordnen, bedroht das Habsburger Vielvölkerreich. Im Oktober 1848 beschließt die Nationalversammlung, daß die zum deutschen Boden gehörenden österreichischen Gebiete – auch Böhmen und Mähren zählten dazu – dem neuen Nationalstaat einverleibt werden sollen. Dieser »großdeutschen« Lösung stellt sich schon Ende November die neue österreichische Regierung unter dem Fürsten von Schwarzenberg entgegen. Dieser erklärt unmißverständlich: »Nicht in dem Zerreißen der Monarchie liegt die Größe, nicht in ihrer Schwächung die Kräftigung Deutschlands. Österreichs Fortbestand in staatlicher Einheit ist ein deutsches wie europäisches Bedürfnis.«

Das ist eine klare Abfuhr für die nationalstaatlichen Pläne der »Paulskirche«. Daraufhin beginnen sich die politischen Lager in »Großdeutsche« und »Kleindeutsche« zu spalten. Die »Kleindeutschen« wollen einen Staat ohne Österreich mit einem preußischen Erbkaiser, aber ergänzend einen völkerrechtlichen »ewigen« Bund mit dem österreichischen Kaiserstaat. Diesem Lager spielt das Verhalten Wiens in die Hände.

64

Wie der deutsche Michel Alles wieder von sich gibt.

65

64. 3. April 1849: Eine Abordnung der Nationalversammlung bietet dem preußischen König die deutsche Kaiserkrone an. Im März war es zur Abstimmung über eine Reichsverfassung gekommen, die Österreich mitsamt seinen deutschen Gebieten ausschloß. Die Chance, alle Deutschen in einem Staat zu vereinen, war am Verhalten Österreichs gescheitert. Einen Tag später, am 28. März, wurde die Wahl des preußischen Königs Friedrich Wilhelm IV. zum erblichen deutschen Kaiser beschlossen. Doch dieser lehnt den aus »Dreck und Letten (Lehm) gebackenen Reif« ab. Der »Ludergeruch der Revolution«, der dieser Krone anhängt, ist ihm Grund genug, sich nicht an die Spitze eines deutschen Nationalstaates zu stellen. Somit ist auch die »kleindeutsche« Lösung gescheitert.

65. Eine bissige Kritik an dem Beschluß der Nationalversammlung, nicht eine Republik, sondern ein erbliches Kaisertum zu schaffen. Der deutsche Michel, nun wieder mit Zipfelmütze, hat sich am »Deutschen Kaiser« (so die Beschriftung des Bierkruges) besoffen und gibt die demokratischen Forderungen – Volkssouveränität, Pressefreiheit, Volksbewaffnung und Versammlungsrecht – als unverdaulich wieder von sich.

66., 67. Die alte Hauptstadt des Deutschen Bundes Frankfurt am Main heute. Der Dom (unten rechts) und die Paulskirche (oben) werden von Hochhäusern überragt.

Der Versuch der ersten deutschen Nationalversammlung von 1848, einen einheitlichen und freiheitlichen Nationalstaat aller Deutschen zu schaffen, scheitert.

Am 1. September 1850 wird in Frankfurt der Bundestag wiedereröffnet, das alte Organ des Deutschen Bundes, in dem nun wieder die Gesandten der einzelnen Regierungen sitzen. 1852 bezweifelt man in diesem Gremium die Rechtmäßigkeit des Bundestagsbeschlusses vom 9. März 1848, mit dem Schwarz-Rot-Gold zur Farbe des Bundes erklärt worden war. Am 15. August 1852 wird mit Zutun des neuen preußischen Bundestagsgesandten Otto von Bismarck die seit mehr als vier Jahren auf dem Frankfurter Amtsgebäude des Bundes wehende schwarz-rot-goldene Fahne eingeholt.

Obwohl rein rechtlich die Farben Schwarz-Rot-Gold als einziges gemeinsames deutsches Symbol bis zur Auflösung des Deutschen Bundes im Jahre 1866 Gültigkeit haben, verschwinden sie mehr und mehr aus der Öffentlichkeit. Die deutschen Liberalen, vor allem in Franken und im Südwesten, fühlen sich jedoch weiter diesen Farben und dem, wofür sie stehen, verbunden.

Das »Lied der Deutschen«, das die Einigung Deutschlands beschwört, wird zwar in den Revolutionsjahren 1848/49 häufig gesungen, doch an die Wahl einer gemeinsamen Hymne durch die Frankfurter Nationalversammlung ist nicht zu denken.

66

67

68

68. 1863 beruft der österreichische Kaiser Franz Joseph einen Fürstentag nach Frankfurt am Main ein, um den Deutschen Bund zu reformieren. Diese Initiative findet in der deutschen Öffentlichkeit ein großes Echo – der Traum von der deutschen Einheit wird neu belebt. Der Dichter Friedrich Hebbel begrüßt die Nachricht von der bevorstehenden Versammlung mit den Worten: »Jetzt wird Deutschland sich einigen und mit den deutschen Provinzen Österreichs ein großes Reich bilden. Was soll es mit all den kleinen Königen, Herzögen, Kurfürsten, die müssen vor der künftigen Majestät ihre Krönlein ablegen und die Vasallen eines mächtigen deutschen Kaisers werden. Ich will dann eine Reichshymne dichten, die mit den Worten begönne: Gott vernichte, Gott zerspalte Grenzen, Pfähle, Länderschranken.«

Auf dem Palais des Deutschen Bundes, in dem sich der Fürstentag versammelt, wird wieder die schwarz-rot-goldene Fahne aufgezogen, die hier seit 1852 nicht mehr geweht hat. Doch unter dem Kaiserbild Karls des Großen mit den Reichsinsignien hat nicht das Volk etwas zu sagen; vielmehr demonstriert der österreichische Kaiser, umgeben von 22 Fürsten und den vier Bürgermeistern von Frankfurt am Main, Hamburg, Bremen und Lübeck, seine Vorherrschaft im Deutschen Bund. Den preußischen König hat Bismarck bewogen, der Versammlung fernzubleiben. Diese Absage Preußens ist der Grund für die Niederlage der österreichischen Ziele. An einen Sonderbund mit Österreich ohne Preußen denkt keiner der versammelten deutschen Staaten. Der Fürstentag, der von so vielen Hoffnungen begleitet ist, scheitert wie die erste Nationalversammlung am Interessengegensatz der beiden deutschen Großmächte Preußen und Österreich.

Auf dieser symbolreichen Abbildung, die in Wien erschien, ist der Germania (rechts) die Austria (links) als Personifizierung Österreichs gegenübergestellt. Während Germania leere Versprechungen in der Hand hält, kann Austria auf die Reformakte des österreichischen Kaisers hinweisen. Der leere Stuhl mit dem preußischen Wappen neben dem Kaiser ist eine klare Schuldzuweisung, daß der preußische König die Schaffung eines deutschen Gesamtstaates verhindert hat.

69. Otto von Bismarck (1815–1898), seit 1862 preußischer Ministerpräsident. Im Dualismus der beiden deutschen Großmächte Österreich und Preußen wird sein Einfluß immer bestimmender. Nach dem Mißlingen der von Österreich initiierten Reform des Bundes bringt der Krieg um Schleswig-Holstein 1864 für Wien ein weiteres Debakel. Zwar haben Österreich und Preußen gemeinsam gegen Dänemark gekämpft, zwar werden der Sieg über die Dänen und die preußisch-österreichische Waffenbrüderschaft in ganz Deutschland mit großer Begeisterung gefeiert, doch um die gemeinsame Verwaltung der Herzogtümer Schleswig und Holstein kommt es zum offenen Streit, der schließlich zum Krieg zwischen Preußen und Österreich von 1866 und zu Österreichs Niederlage führt.

Genauer gesagt ist es ein Krieg Preußens gegen den Deutschen Bund; denn auf der Seite Österreichs stehen alle größeren Bundesstaaten: Bayern, Württemberg, Baden, Sachsen, Hannover, Kurhessen und Hessen-Darmstadt, und auch die Hauptstadt des Deutschen Bundes, Frankfurt am Main. Auf preußischer Seite stehen die meisten der kleineren Staaten Nord- und Mitteldeutschlands.

Am 3. Juli 1866 kommt es zur Entscheidungsschlacht bei Königgrätz in Böhmen, an der auf beiden Seiten mehr als 200000 Mann teilnehmen. Österreich und seine Verbündeten erleiden eine vernichtende Niederlage. Mit der militärischen Entscheidung zwischen Österreich und Preußen ist der Deutsche Bund, der fünf Jahrzehnte bestand, am Ende. Der Prager Friede beendet den tausendjährigen staatsrechtlichen Zusammenhang von Österreich und Deutschland. In Artikel vier heißt es: »Seine Majestät, der Kaiser von Österreich, erkennt die Auflösung des bisherigen Deutschen Bundes an und gibt seine Zustimmung zu einer neuen Gestaltung Deutschlands ohne Beteiligung des österreichischen Kaiserstaats.« Der Mainzer Bischof Wilhelm Emmanuel von Ketteler, Mitglied der Frankfurter Nationalversammlung von 1848, schreibt an Kaiser Franz Joseph, ein Deutschland ohne Österreich sei kein Deutschland mehr. Diese Stimmung war vor allem im katholischen Süden Deutschlands weit verbreitet. Der Traum Hoffmann von Fallerslebens: »Kein Österreich, kein Preußen mehr, ein einzig Deutschland hoch und hehr«, war endgültig zerplatzt.

69

70

70. Der Sieg über Österreich wird mit einer Parade am Pariser Platz vor dem Brandenburger Tor in Berlin gefeiert.

Am 18. August 1866 schließt Bismarck mit den siebzehn norddeutschen Kleinstaaten, die auf preußischer Seite gekämpft haben, den Norddeutschen Bund. Sachsen, Sachsen-Meiningen und Hessen-Darmstadt nördlich des Mains treten ebenfalls bei. Bei den Wahlen zum Norddeutschen Reichstag 1867 gibt es das allgemeine Wahlrecht für alle männlichen Deutschen, das der Reichsverfassung der Frankfurter Paulskirche entspricht. Die Verfassung des Norddeutschen Bundes bildet später die Grundlage der deutschen Reichsverfassung. Bismarck wird der erste Bundeskanzler.

1867 bestimmt die Verfassung des Norddeutschen Bundes in Artikel 55 Schwarz-Weiß-Rot zu den Farben der Kriegs- und Handelsmarine. Der Erfinder dieser bisher unbekannten Farbkombination ist Bismarck. Später deutet er sie als Verbindung des preußischen Schwarz-Weiß mit dem Rot-Weiß von Brandenburg und der Hansestädte. Die Farben Schwarz-Rot-Gold jedenfalls sind für Bismarck und seinen König undenkbar. Sie sind für sie die Farben der aufständischen »48er«.

Quer durch Deutschland läuft jetzt eine politische Trennlinie, doch 1868 vereinigt das Zollparlament zum ersten Mal alle nord- und süddeutschen Abgeordneten. Es kommt zur Vereinheitlichung der Maße und Gewichte und des Handelsrechts. Mit der Einigung im Zollparlament kann die wirtschaftliche, aber noch nicht die politische Angleichung erreicht werden.

Kaiserreich (1871–1918)

Kaiser Wilhelm und Kaiserin Augusta
die Mitglieder der Königlichen Familie
dem
Reichskanzler Fürsten Bismarck
zum 1. April 1885.

71

71. Am 18. Januar 1871 wird im Spiegelsaal des Schlosses von Versailles das deutsche Kaiserreich proklamiert, ein Ergebnis des Sieges über Frankreich.

Eine außenpolitische Kontroverse war der Auslöser des Krieges zwischen Frankreich und den deutschen Staaten gewesen, der ihre Einigung herbeiführen sollte. Am 19. Juli 1870 hatte Frankreich Deutschland den Krieg erklärt. Damit traten die Schutz- und Trutzbündnisse in Kraft, die zwischen dem Norddeutschen Bund und den süddeutschen Staaten bestanden. Am 8. August begannen die deutschen Armeen ihre Offensive, und bereits vier Wochen später kapitulierte die eingeschlossene französische Armee bei Sedan. Während der Belagerung von Paris schlug Bismarck sein Hauptquartier in Versailles auf, wo er die Verhandlungen mit den Vertretern der süddeutschen Staaten aufnahm. Am 15. November unterschrieben Hessen und Baden einen Vertrag mit dem Norddeutschen Bund, am 23. November folgte Bayern, am 25. November Württemberg.

Bismarck will ein »Deutsches Reich« mit einem Kaiser als Oberhaupt. Für den preußischen König haben nur die deutschen Fürsten das Recht zu einem solchen Angebot. Am 18. Januar 1871 versammeln sie sich im Spiegelsaal des Versailler Schlosses. Bismarck verliest die Proklamation, und der badische Großherzog stimmt das erste Hoch auf den deutschen Kaiser an. Für die große Mehrheit der Deutschen geht mit diesem Akt der uralte Kaisertraum, der Traum von der deutschen Einheit, in Erfüllung – nicht durch die Kraft der Bürger, sondern durch die politische Kühnheit eines Bismarck, den Friedrich Engels einen »preußischen Revolutionär von oben« nennt.

72. Nach dem Untergang des »Heiligen Römischen Reiches Deutscher Nation«, des ersten Deutschen Reiches, im Jahre 1806 wird 1871 das zweite Reich gegründet. Für das Wappen wählt man den alten einköpfigen deutschen Königsadler. In sein Brustschild wird der preußische Adler mit dem Hohenzollernschild eingesetzt. Darüber thront eine der alten deutschen Kaiserkrone nachempfundene Krone. Um den Hals des Wappentiers liegt die Kette des schwarzen Adlerordens, der höchsten preußischen Auszeichnung. Dieses Wappen ist Symbol des »wilhelminischen Zeitalters« bis zu seinem Untergang 1918.

72

73

74

73. Reichskanzler Otto von Bismarck als Schmied der deutschen Einheit. Das Schwert, auf dem das lateinische Wort »unitas« (Einheit) steht, reicht er der Germania. Bismarck, der »eiserne Kanzler«, wird schon zu Lebzeiten für die meisten Deutschen zur nationalen Kultfigur. Mehr als 450 Städte verleihen ihm die Ehrenbürgerschaft. Selbst in kleinsten Orten werden Bismarck-Denkmäler aufgestellt. »Es begann ein Prozeß der Archaisierung seiner Person, der Entrückung in ein gegenwartsfernes Heldenzeitalter, das den Gestalten der germanischen Sagenwelt, den Figuren eines Richard Wagners oder auch eines Felix Dahn weit näher war als der Welt des ausgehenden 19. Jahrhunderts«, schreibt der Bismarck-Biograph Lothar Gall.

74. Das größte Bismarck-Monument, das an die Figur des Bremer Roland erinnert, errichtet die Stadt Hamburg. Zu dem Denkmalskult bis zum Ersten Weltkrieg meint ein Bismarck-Forscher 1919: »Man darf sich nicht täuschen lassen von dem Pathos, womit kurz vor dem Kriege an vielen Orten im Reich Bismarck-Denkmale in drohend-monumentalen Formen errichtet oder in noch größerem Umfang geplant worden sind. Man darf sich nicht täuschen lassen von den Versuchen, die Gestalt ins Übermenschliche zu erhöhen, sie ins geheimnisvoll Heroische gewaltsam hineinzuzwingen und ihr gegenüber von ›germanischer Reckenhaftigkeit‹, von ›Siegfried‹ oder ›Hagen‹ zu sprechen. Das alles sprach mehr gegen ein lebendiges Verhältnis als dafür. Die Bismarck-Denkmale aus der Zeit vor 1914 gelten gar nicht der großen Persönlichkeit, es sind vielmehr allgemein gedachte Nationaldenkmale, die sich eines gegebenen Namens bedienen.«

75. 1883 wird am Rhein, oberhalb von Rüdesheim, das Niederwalddenkmal mit der Germania als Nationaldenkmal für das wiedererstandene Deutsche Reich eingeweiht. Die Germania hält mit der Rechten die wiedererworbene Kaiserkrone hoch, mit der Linken stützt sie sich selbstbewußt auf das Schwert. Von den zahlreichen nationalen Identifikationsfiguren des 19. Jahrhunderts setzt sie sich nach 1871 als Verkörperung des neugegründeten Reichs immer mehr durch.

Gegenüber der monumentalen Germania tritt der Kaiser, abgebildet auf dem Sockel des Denkmals inmitten seiner Generale, zurück, auch wenn er als einziger zu Pferde dargestellt ist. Links von der Personengruppe die Allegorie des Krieges, rechts die des Friedens. Unter dem Personenfries fünf Strophen des populären Liedes »Die Wacht am Rhein« mit dem Refrain »Lieb Vaterland magst ruhig sein: Fest steht und treu die Wacht am Rhein!« Mit diesem Denkmal soll nicht zuletzt die Verteidigungsbereitschaft der Deutschen gegenüber Frankreichs linksrheinischen Ansprüchen bekundet werden, auch wenn es, wie seine Initiatoren und sein Schöpfer Schilling mehrfach betonen, sich um ein »Friedensdenkmal« handelt.

76. Das pomphafte Kaiserzelt für Wilhelm I. am 28. September 1883, dem Tag der Einweihung des Denkmals. Hier wird nicht der Germania gehuldigt, sondern dem Kaiser unter den Farben Schwarz-Weiß-Rot. Bismarck war nicht zugegen. Über das Denkmal äußert er sich später: »Die Figur der Germania finde ich nicht passend. Ein weibliches Wesen mit dem Schwert in dieser herausfordernden Stellung ist etwas Unnatürliches. Jeder Offizier wird dies mit mir empfinden. Es hätte besser eine männliche Figur dorthin gepaßt, ein Landsknecht oder einer der alten deutschen Kaiser. Es wäre ja auch eine gute Gelegenheit gewesen, den Franzosen, welche so gern Kaiser Karl für sich in Anspruch nehmen, einmal deutlich zu zeigen, wohin er gehört.«

Der Kaiser schenkt dem Reichskanzler später eine Bronzenachbildung des Niederwalddenkmals mit den Worten: »Der Schlußstein Ihrer Politik, eine Feier, die hauptsächlich Ihnen galt und der Sie leider nicht beiwohnen konnten.«

75

76

77

77. Am 10. August 1890 wird bei der Feier der Übergabe der zuvor zu Großbritannien gehörenden Insel Helgoland an Deutschland – im Tausch gegen Sansibar – das »Lied der Deutschen« zum ersten Mal bei einem offiziellen Staatsakt gesungen – ein halbes Jahrhundert, nachdem es hier geschrieben worden ist.

Nach der Gründung des Deutschen Reiches ist es nicht zur offiziellen Proklamation einer Reichshymne gekommen. Da der Hohenzollernherrscher deutscher Kaiser ist, wird die preußische Königshymne zum Staatslied des neuen Reiches. Auch wenn es nicht offiziell dazu erklärt wird, singen nun auch die Süddeutschen zu Ehren des Kaisers: »Heil Dir im Siegerkranz, Herrscher des Vaterlands; Heil Kaiser Dir!«

Um die Jahrhundertwende ist Hoffmann von Fallersleben als Dichter des Deutschlandliedes bekannt und geschätzt. 1901 wird sein Lied bei der Enthüllung des Bismarck-Denkmals vor dem Reichstagsgebäude in Berlin in Gegenwart des Kaisers angestimmt, der zwei Monate vorher in Bonn seine Rede zur Immatrikulation des Kronprinzen mit »Deutschland, Deutschland über alles« beendet hat. Zu Beginn unseres Jahrhunderts gehört das »Lied der Deutschen« mit der Melodie von Haydn zum festen Bestandteil der deutschen Schulbücher.

Aber auch viele Mißdeutungen und mancher Mißbrauch bleiben dem Lied schon damals nicht erspart. Als sich in der Gründerzeit unter dem Eindruck des Erreichten das Selbstgefühl der Deutschen steigert, wird das »Deutschland über alles« nur allzu gern als einseitiger Machtanspruch aufgefaßt. Nachdem die nationale Einheit erreicht ist und der Sinn des Liedes aus der demokratisch geprägten Vormärz-Zeit nicht mehr verstanden wird, gerät es mehr und mehr zum Ausdruck völkischer Selbstüberschätzung, eines übersteigerten Nationalismus und eines inhaltsleeren Hurra-Patriotismus. Den Worten »Deutschland über alles« wird nun der entstehungsgeschichtlich und sprachlich unmögliche Sinn untergeschoben, daß Deutschland befähigt und berufen sei, über alles in der Welt zu herrschen.

78

78. Am 5. Dezember 1894 wird in Berlin nach zehnjähriger Bauzeit das neue Gebäude für den Deutschen Reichstag eingeweiht. Von 1871 bis zu diesem Zeitpunkt mußte sich das höchste deutsche Parlament mit einer provisorischen Tagungsstätte begnügen. Das monumentale Gebäude, unweit des Brandenburger Tores gelegen, läßt nicht erkennen, wie gering der Einfluß des Parlaments im Vergleich zu heute ist. Nach der Reichsverfassung von 1871 ist es von der Kontrolle der auswärtigen Politik und der Militärpolitik ausgeschlossen.

Das Deutsche Reich ist monarchisch geprägt. Eine Verfassungsänderung für eine stärkere Stellung des Reichstages findet nicht statt. Bezeichnend für die obrigkeitsstaatliche Prägung des Kaiserreichs ist die Tatsache, daß die Inschrift DEM DEUTSCHEN VOLKE über dem Hauptportal erst im Ersten Weltkrieg auf Drängen vieler Parlamentarier angebracht wird. Schon der Erbauer des Reichstages Paul Wallot hatte diese Widmung für den Schmuckgiebel des Gebäudes vorgesehen.

79

79. 11. November 1914 – seit über drei Monaten tobt der Erste Weltkrieg. Im Heeresbericht heißt es an diesem Tag: »Westlich Langemarck brachen junge Regimenter unter dem Gesang »Deutschland, Deutschland über alles« gegen die erste Linie der feindlichen Stellung vor und nahmen sie.«

Ein Satz, der einen Mythos schafft, die sogenannte »Langemarck«-Legende über die Heldentaten der deutschen Kriegsfreiwilligen. Fast alle Deutschen sind sich damals in dem Glauben einig, daß das Reich von mißgünstigen Feinden – England und Frankreich vor allem – in den Krieg gezwungen wurde und sich nun mit aller Kraft verteidigen müsse, daß dies ein gerechter Volkskrieg sei.

Der Dichter Richard Dehmel, der sich mit fünfzig Jahren noch als Kriegsfreiwilliger meldet, bezieht in seine stürmischen Gesänge auch das Deutschlandlied des Hoffmann von Fallersleben mit ein: »Freu Dich Volk, wir wollen erweisen, daß Du wert bist, Dich zu preisen über alles in der Welt.« Das »über alles in der Welt« ist hier, dem Geist der Zeit gemäß, in jenem Sinn gebraucht, der dem Lied der Deutschen später so zu schaffen machen wird: nicht Liebeserklärung an ein Vaterland, sondern Bekundung nationaler Überheblichkeit.

Weimarer Republik (1918–1933)

80

80. Am Nachmittag des 9. November 1918 ruft der sozialdemokratische Reichstagsabgeordnete Philipp Scheidemann von einer Balkonbrüstung des Reichstagsgebäudes die Republik aus: »Das Alte und Morsche, die Monarchie ist zusammengebrochen. Es lebe das Neue! Es lebe die Deutsche Republik!« Schon am Mittag des selben Tages hat Reichskanzler Prinz Max von Baden eigenmächtig den Thronverzicht von Kaiser Wilhelm II. erklärt und die Reichskanzlerschaft dem Sozialdemokraten Friedrich Ebert angetragen: »Da wir nicht die Macht in Händen haben, die Situation so ist und die Truppen versagt haben, so schlage ich vor, daß der Abgeordnete Ebert den Posten des Reichskanzlers annimmt.« Ebert nimmt nach anfänglichem Zögern das schwere Amt an.

81., 82. Am 6. Februar 1919 eröffnet Friedrich Ebert im Weimarer Nationaltheater (die Abbildungen zeigen die Innen- und Außenansicht an jenem Tage) die verfassunggebende Nationalversammlung. Auf eine Zusammenkunft in Berlin hat man verzichtet, um für die parlamentarische Arbeit den Unruhen in der Reichshauptstadt zu entgehen. Nach diesem Tagungsort erhält die neue Republik ihren Namen.

Der Nationalversammlung als »dem höchsten und einzigen Souverän in Deuschland« gibt Ebert die ihm persönlich vom Reichskanzler Max von Baden übertragene Autorität zurück. Am 11. Februar 1919 wird er von diesem Gremium zum Reichspräsidenten gewählt. In seiner Rede erklärt er: »Ich gelobe, daß ich die Verfassung der Deutschen Republik getreulich achten und schützen werde. Ich will und werde als der Beauftragte des ganzen deutschen Volkes handeln, nicht als Vormann einer einzigen Partei.« Dieses Versprechen wird der Patriot Ebert bis zu seinem frühen Tod am 28. Februar 1925 erfüllen.

Die Weimarer Nationalversammlung arbeitet schneller als das Paulskirchenparlament 1848. Schon am

11. August 1919 kann Reichspräsident Ebert die Verfassungsurkunde unterschreiben. Die Weimarer Reichsverfassung baut auf der Grundlage der Verfassung von 1848 auf.

81

82

83. 11. August 1922, Staatsakt im festlich geschmückten Reichstag. Am Verfassungstag der Republik erhält das »Lied der Deutschen« durch den Reichspräsidenten Friedrich Ebert den Rang einer offiziellen Hymne (siehe Anmerkung S. 148). Die erste Zeile der dritten Strophe »Einigkeit und Recht und Freiheit« schmückt den Plenarsaal. Im Aufruf des Reichspräsidenten zum Verfassungstag heißt es: »Einigkeit und Recht und Freiheit, dieser Dreiklang aus dem Liede des Dichters gab in Zeiten innerer Zersplitterung und Unterdrükkung der Sehnsucht aller Deutschen Ausdruck; er soll auch jetzt unseren harten Weg zu einer besseren Zukunft begleiten. Sein Lied, gesungen gegen Zwietracht und Willkür, soll nicht Mißbrauch finden im Parteikampf, es soll nicht der Kampfgesang derer werden, gegen die es gerichtet war; es soll auch nicht dienen als Ausdruck nationalistischer Überhebung. Aber so wie einst der Dichter, so lieben wir heute Deutschland über alles. In Erfüllung seiner Sehnsucht soll unter den schwarzrotgoldenen Fahnen der Sang von Einigkeit und Recht und Freiheit der festliche Ausdruck unserer vaterländischen Gefühle sein . . . Es lebe die deutsche Republik! Es lebe das deutsche Vaterland! Es lebe das deutsche Volk!«

An den Sohn Hoffmann von Fallerslebens schreibt Ebert: »Voll Stolz und Genugtuung können Sie darauf blicken, daß Wunsch und Sehnsucht Ihres Vaters, sein ›Lied der Deutschen‹ möchte von allen Deutschen einheitlich gesungen werden, jetzt erfüllt ist.« Doch zu dieser von Ebert erhofften Versöhnung der politischen Lager kommt es nicht.

83

EINIGKEIT·UND·RECHT·UND·FREIHEIT

84

85

86

84. Friedrich Ebert (1871–1925) stand nach den Worten seines Biographen Werner Maser »unangefochten als einigende Kraft über allen politischen Gruppierungen, von denen keine in der Lage war, ihn der Parteilichkeit zu zeihen. Friedrich Ebert gehörte nicht allein der Sozialdemokratischen Partei Deutschlands, die er drei Jahrzehnte nach ihrem Entstehen aus der konspirativen Phase herausgeführt und zur Regierungspartei gemacht hat, er war der Präsident aller Deutschen, die ihm die Erhaltung der Einheit des Reiches und der Nation nach dem Zusammenbruch der Monarchie zu verdanken haben.«

85. Eberts Geburtshaus in der Pfaffengasse in Heidelberg, das heute Teil einer Gedenkstätte für den großen deutschen Patrioten ist.

86. Am 28. Februar 1925 stirbt Reichspräsident Friedrich Ebert an einer akuten Krankheit. Aus Pflichterfüllung hat er eine notwendige Operation verschoben. Er will erst den Berufungsprozeß in einer gegen ihn gerichteten Verleumdungskampagne durchstehen. In 170 Prozessen verteidigt sich Ebert gegen Beleidigungen und Schmähungen seiner Person, um die Würde seines hohen Amtes zu bewahren. Er wird zum Märtyrer der deutschen demokratischen Geschichte. Zu seinem Freund Otto Braun sagt er wenige Tage vor seinem Tod: »Ich leide sehr und würde längst in die Klinik gegangen sein, wenn der elende Prozeß mich hier nicht noch festhielte.«

Auf dem Bergfriedhof seiner Heimatstadt Heidelberg findet Ebert seine letzte Ruhestätte. Der Grabstein trägt die Losung des ersten deutschen Reichspräsidenten: »Des Volkes Wohl ist meiner Arbeit Ziel.« In einem Nachruf schreibt sein Mitstreiter Julius Leber: »Jahre, vielleicht Jahrzehnte werden vergehen, bis das deutsche Volk die Bedeutung, die geschichtliche Größe dieses Mannes verstehen wird.«

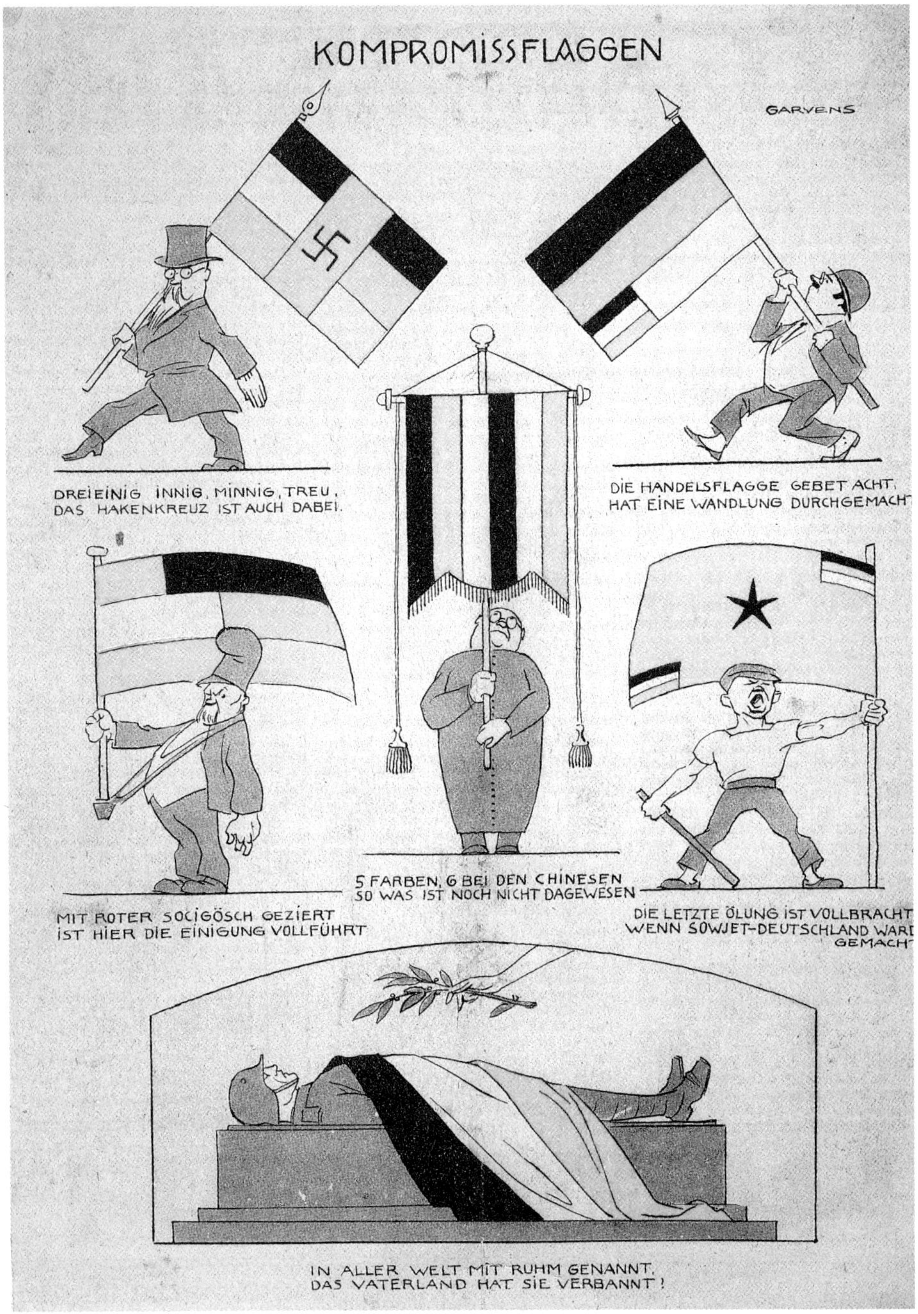

87

87. Um die Frage der Nationalfarben entsteht gleich zu Beginn der Weimarer Republik ein Streit. Sozialdemokraten, linke Liberale und das Zentrum wollen Schwarz-Rot-Gold. Die politische Rechte will Schwarz-Weiß-Rot, die Farben des Kaiserreichs, behalten. Jede Seite argumentiert aus der Geschichte. Der sozialdemokratische Innenminister erklärt vor der Nationalversammlung: »Als Symbol für diese innere Einheit, für dieses nationale Gemeinschaftsgefühl glaube ich, ist das Schwarz-Rot-Gold durch seine eigene Geschichte gegeben. Das Schwarz-Rot-Gold hat auch noch eine andere Bedeutung. Es ist das Symbol der großdeutschen nationalen Zusammengehörigkeit. Das großdeutsche Ideal wurde durch die große preußische Idee verdrängt, und das Symbol der letzteren, das Schwarz-Weiß-Rot, war das Symbol der Vorherrschaft und Vormachtstellung Preußens in Deutschland. Das preußisch-deutsche Gebilde ist zusammengebrochen. Das großdeutsche Einheitsideal ist mit der Auflösung der habsburgischen Dynastie aufs neue das Ziel unserer Sehnsucht geworden, und das schwarz-rot-goldene Banner soll ein Symbol dieses großdeutschen Zieles, ein sichtbarer Ausdruck dafür sein.«

Der Vertreter der Rechten setzt dagegen: »Unter Schwarz-Rot-Gold hat die deutsche Reichseinheit Schiffbruch erlitten. Man hat sie unter dieser Farbe nie erreicht. Unter Schwarz-Weiß-Rot aber haben wir die Reichseinheit gewonnen. Mit ihrem Werdegang ist die Geschichte des Reiches aufs Engste verknüpft.«

Der Streit um die Nationalfarben wird ein Dauerthema in der Weimarer Republik. Der fatale Kompromiß im Artikel 3 der Verfassung spiegelt die gespaltene Nation wider: »Die Reichsfarben sind Schwarz-Rot-Gold. Die Handelsflagge ist Schwarz-Weiß-Rot, mit den Reichsfarben in der oberen inneren Ecke.« Die Wahl beider Farbkombinationen führt zu keinem Ausgleich der bestehenden Gegensätze. Sie steigert vielmehr die Verbitterung in beiden politischen

Lagern. Diese Abbildung aus dem Jahre 1926 ist eine bissige Karikatur auf den fortwährenden »Flaggenstreit«.

88. 10. September 1926. Der deutsche Außenminister Gustav Stresemann spricht in Genf vor der Generalversammlung des Völkerbundes. Anlaß ist der Eintritt Deutschlands in diese internationale Organisation.

Mit Stresemann, der von August bis November 1923 auch Reichskanzler war, beginnt die erfolgreichste Periode der Weimarer Republik. Seine Außenpolitik bemüht sich vor allem um eine Aussöhnung mit dem ehemaligen Kriegsgegner Frankreich. Zum französischen Außenminister Aristide Briand kann er ein enges Vertrauensverhältnis entwickeln. Gemeinsam erhalten beide 1926 den Friedensnobelpreis. In seiner Rede vor dem Völkerbund erklärt Stresemann: »Der wird der Menschheit am meisten dienen, der wurzelnd im eigenen Volk das ihm seelisch und geistig Gegebene zur höchsten Bedeutung entwickelt und damit, über die Grenze des eigenen Volkes hinauswachsend, der gesamten Menschheit etwas zu geben vermag, wie es die Großen aller Nationen getan haben, deren Namen in der Menschheitsgeschichte niedergeschrieben sind.«

88

89

89. Und wieder trifft die Republik ein unersetzlicher Verlust. Am 3. Oktober 1929 stirbt der erst 51jährige Gustav Stresemann an einem Schlaganfall. Wie Ebert hat auch er sich für sein Vaterland aufgeopfert. Die Nachricht vom Tod des Außenministers löst in Deutschland und in der Welt einen Schock aus. Man spürt, daß sich die politische Szene in Europa verändern würde.

In der Geschichtsschreibung wird die Frage gestellt, ob die politische Entwicklung ohne den frühen Tod Stresemanns einen anderen Verlauf genommen hätte; denn vieles spricht für die Annahme, daß es einem gesunden Stresemann möglich gewesen wäre, das »Dritte Reich« Adolf Hitlers zu verhindern. Er hatte die enorme Gefahr, die von rechtsradikaler Seite drohte, klar erkannt. So hatte er vor, eine bürgerliche Mittelpartei als Bollwerk gegen die Nationalsozialisten zu gründen. Seine Landsleute warnte er vor den Verlockungen einer leichtfertigen Politik: »Wenn Ihr Eure Augen nicht gebraucht, um zu sehen, so werdet Ihr sie eines Tages gebrauchen, um zu weinen.«
Die Abbildung zeigt den Trauerzug am Brandenburger Tor in Berlin.

90

90. Verfassungsfeier im Deutschen Reichstag. Der 11. August, der Tag des Inkrafttretens der Weimarer Verfassung, ist der Nationalfeiertag der Weimarer Republik. In der großen, mit Reichsadler und Schwarz-Rot-Gold geschmückten Loge des Reichstages sitzt Reichspräsident Paul von Hindenburg. Nach Eberts Tod wählen die Deutschen 1925 den Generalfeldmarschall des Kaiserreichs zum Nachfolger. Im »Berliner Tageblatt« heißt es dazu kritisch: »Der bisher monarchistische Feldmarschall von Hindenburg wird Präsident der Deutschen Republik. . . . Was soll man mit einem Volke anfangen, das aus seinem Unglück nichts lernt und sich immer wieder von den gleichen Leuten am Halfterbande führen läßt?« Im Ausland spricht man gar vom deutschen »Ersatzkaiser«.

Als Hindenburg 1926 mit einer Flaggenverordnung der schwarz-weiß-roten Handelsflagge größere Geltung verschaffen will, dichtet Kurt Tucholsky:

»Schwarz die Reichswehr,
Weiß die Zelle,
Rot die Schnade
Kehr um!
Kehr um!
Zu Schwarz-Rot-Gold!«

91., 92. Am 22. Februar 1924 gründet der Sozialdemokrat Fritz Otto Hörsing in Magdeburg den Bund der republikanischen Kriegsteilnehmer, das »Reichsbanner Schwarz-Rot-Gold«. Es soll die Republik gegen die Angriffe der paramilitärischen Organisationen der Nationalsozialisten und anderer rechtsradikaler Gruppen verteidigen. Das Reichsbanner gründet sich auf die Tradition der deutschen Revolution von 1848. Das Gedicht von Ferdinand Freiligrath »Schwarz-Rot-Gold« wird zu seiner Bundeshymne:

»In Kümmernis und Dunkelheit,
da mußten wir sie bergen!
Nun haben wir sie doch befreit,
befreit aus ihren Särgen!
Ha, wie das blitzt und rauscht und rollt!
Hurra, du Schwarz, du Rot, du Gold.«

Die Republik hat bis zur Gründung des Reichsbanners keine republikanisch eingestellte Schutztruppe. Die Reichswehr ist eine nach außen loyale Elitetruppe, die aber innerlich antirepublikanisch eingestellt ist. Das Reichsbanner kann als linksnationales Gegenstück zum »Stahlhelm«, dem rechtsnationalen Frontkämpferbund gelten.

Als die Bedrohung von rechts immer stärker wird, Hitlers Nationalsozialisten große Wahlerfolge erzielen und sich die politische Rechte 1931 zur »Harzburger Front« zusammenschließt, antworten Reichsbanner, SPD, freie Gewerkschaften und Arbeitersportverbände am 23. Dezember 1931 mit der Gründung der »Eisernen Front« zur Verteidigung der Republik.

Die Abbildungen zeigen Kundgebungen des Reichsbanners im Berliner Sportpalast 1925 (oben) und Unter den Linden am Totensonntag 1932 (unten).

91

92

93

93. Die Weimarer Republik, so heißt es, sei letztlich daran gescheitert, daß sie eine »Republik ohne Republikaner« war. Anfang der dreißiger Jahre gewinnen die radikalen Kräfte auf der Linken wie der Rechten – Kommunisten und Nationalsozialisten – zunehmend an Zulauf und Wählerstimmen. In blutigen Saal- und Straßenschlachten bekämpfen sie sich bis aufs Messer, gelegentlich tun sie sich aber auch zusammen, wenn es gilt, die verhaßte Ordnung zu bekämpfen – beispielsweise beim Streik der Berliner Verkehrsbetriebe 1932 oder bei einem Mieterstreik, ebenfalls 1932 in Berlin, als in den Hinterhöfen Hakenkreuz und Hammer und Sichel einträchtig nebeneinanderhängen.

»Drittes Reich«
(1933–1945)

94

94. Fassungslos schauen am Morgen des 28. Februar 1933 Passanten auf das brennende Reichstagsgebäude in Berlin. Es ist ein Menetekel für den Untergang der Demokratie in Deutschland. Am 30. Januar hat Reichspräsident von Hindenburg Adolf Hitler zum Reichskanzler ernannt. Hitler, der den Reichstagsbrand den Kommunisten anlastet, läßt alle kommunistischen Parlamentarier und einen Teil der Sozialdemokraten verhaften und setzt die Notverordnung »zum Schutz von Volk und Staat« in Kraft. Das bedeutet die Aufhebung der Grundrechte, das Deutsche Reich ist kein Rechtsstaat mehr.

Viele Gegner Hitlers glauben anfänglich, daß er sich nicht lange würde halten können, daß er ebenso scheitern werde wie vor ihm andere Reichskanzler. Aber damit haben sie sich gründlich verrechnet. Hitler ist zu skrupellos, um sich die Macht wieder nehmen zu lassen.

Der Wahlkampf zur Reichstagswahl am 5. März 1933 findet unter dem Terror von SA und SS statt. Dennoch erhält die Partei Hitlers nicht die Mehrheit, sondern nur 43,9 Prozent der Stimmen. Hitler braucht Verbündete, um sein Ermächtigungsgesetz, das den Reichstag ausschalten soll, durchzusetzen.

95

96

95. Die Garnisonkirche in Potsdam am 21. März 1933, dem »Tag von Potsdam«. An diesem traditionsreichen Ort preußischer Geschichte findet über der Gruft der Preußenkönige das von Hitlers Propagandaminister Josef Goebbels inszenierte Weihespiel »Versöhnung des alten mit dem neuen Deutschland« statt. Hitler will damit die Zustimmung der Konservativen und der Deutsch-Nationalen zu seiner Politik erreichen.

Der neue Reichskanzler erweist dem vor ihm sitzenden greisen Reichspräsidenten, der Symbolfigur der Konservativen, seine Reverenz. Drei Tage später hat Hitler seinen Zweck erreicht: Gegen die Stimmen der Sozialdemokraten wird das Ermächtigungsgesetz angenommen. Die Regierung kann nun Gesetze ohne die Zustimmung des Reichstags erlassen. Dieser Tag bedeutet das Ende der parlamentarischen Demokratie.

96. Ein Fähnchenverkäufer am Tag von Potsdam mit den neuen Farben des NS-Staates. Schwarz-Rot-Gold, die Fahne der liberalen demokratischen Tradition, wird gleich zu Beginn des »Dritten Reiches« liquidiert. Am 13. März verordnet der Reichspräsident, »daß vom morgigen Tage bis zur endgültigen Regelung der Reichsfarben die schwarz-weiß-rote Fahne und die Hakenkreuzfahne gemeinsam zu hissen sind.« Die Hakenkreuzfahne hat Hitler 1923 eigenhändig entworfen, und er hat sich ganz bewußt der Farben Schwarz-Weiß-Rot bedient, um das nationale Bürgertum zu ködern.

Hindenburgs Verordnung hält gerade zwei Jahre. 1935 bestimmt das erste der fatalen Nürnberger Gesetze: »Die Reichsfarben sind Schwarz-Weiß-Rot. Reichs- und Nationalflagge ist die Hakenkreuzflagge, sie ist zugleich Handelsflagge.«

97

97. Am 1. August 1936 werden in Berlin die 11. Olympischen Sommerspiele eröffnet. Die deutsche Mannschaft zieht hinter der Hakenkreuzfahne des »Dritten Reiches« in das neugebaute Olympiastadion ein. Die Zuschauer grüßen mit erhobenem rechten Arm, dem »Hitlergruß«.

Sport als Mittel von Politik und Propaganda. Die Prachtentfaltung der Eröffnungs- und Schlußfeier stellt alle früheren Olympiaden in den Schatten. Der Diktator ist entschlossen, die Spiele für seine Zwecke zu nutzen: Der Welt soll die Idylle eines friedliebenden Staates vermittelt werden. Olympia als »schöner Schein«, der die wahren Absichten des Regimes verbergen soll und Hitler Zeit für seine Aufrüstung verschafft. Während der Wettkampftage diktiert er eine geheime Denkschrift, in der er fordert, in vier Jahren müsse die deutsche Wirtschaft kriegsbereit und die Wehrmacht imstande sein, im Osten einen Angriffskrieg zu führen.

98

98, 99. Immer wieder besucht Hitler Aufmärsche und Paraden der SA, seiner paramilitärischen Sturmabteilung. 1934 in Berlin (rechts), 1938 vor dem Weimarer Nationaltheater (oben).

Der Adler des nationalsozialistischen Führerreiches hat seine Flügel nach dem Vorbild römischer Feldzeichen weit ausgebreitet. Er steht auf einem Eichenkranz, in dem das Hakenkreuz eingefügt ist. Das faschistische Kreuz befindet sich auch in den Standarten der SA, in die der Ruf der Hitler-Bewegung »Deutschland erwache« eingenäht ist. Ab November 1935 ist der Adler auf dem Hakenkreuz offizielles Hoheitszeichen des Dritten Reiches.

Anders als bei der Fahnenregelung wird das Deutschlandlied als Hymne beibehalten. Doch die eigentliche Hymne des NS-Staates ist das Horst-Wessel-Lied:

»Die Fahne hoch, die Reihen fest
geschlossen.
SA marschiert mit ruhig festem
Schritt.«

1940 bestimmt eine Anordnung, beide Hymnen als »Doppelhymne« zu spielen. Die Verbindung des »Liedes der Deutschen« mit dem Marschgesang der SA verunglimpft den Sinngehalt des Deutschlandliedes. Dieser Mißbrauch in der Hitler-Diktatur verleidet vielen Deutschen noch lange das ehrwürdige Nationallied.

99

100

100. »Wer Hitler wählt, wählt den Krieg!« – diese frühe Warnung seiner Gegner bewahrheitet sich. Der »Führer« stürzt sein Volk und andere Völker in einen Weltkrieg, der mehr als fünfzig Millionen Tote fordert. Das »Dritte Reich« sollte »tausendjährig« sein, doch bereits nach zwölf Jahren endet es in der größten Katastrophe, die die Deutschen je erlebten. Die deutsche Einheit, die Hitler mit dem Anschluß Österreichs und der sudetendeutschen Gebiete in nie gekanntem Maße erreicht hat, verspielt er durch seinen größenwahnsinnigen Ehrgeiz und die Entfesselung eines verbrecherischen Eroberungskrieges. Nach der Kapitulation des Deutschen Reichs versammeln sich im August 1945 die Siegermächte in Potsdam und teilen das Land in vier Besatzungszonen. Ostpreußen, Pommern und Schlesien fallen an Polen, die Bevölkerung wird vertrieben.

1946 sagt Theodor Heuss, der spätere Bundespräsident: »Mit kalter Klarheit muß ausgesprochen werden, daß dieser Krieg von Deutschland verursacht und in seiner Führungsschicht gewollt worden ist; ohne dieses deutliche Aussprechen verlieren wir die Basis unter uns selber.«

Die Abbildung zeigt das schwerbeschädigte Brandenburger Tor im Sommer 1945 – Symbol der totalen Niederlage und Zerstörung Deutschlands.

Das geteilte Deutschland (1945–1989)

101

101. 1. September 1948. Im Bonner Museum König konstituiert sich der Parlamentarische Rat, das dritte Vorparlament der deutschen Geschichte, das eine Verfassung ausarbeiten soll. Die 65 Delegierten der westdeutschen Länder versammeln sich im Zoologischen Museum inmitten ausgestopfter Tiere, weil es keinen anderen großen unzerstörten Saal in der Stadt gibt.

Eine Bundesflagge muß erst geschaffen werden. Die alten demokratischen Farben Schwarz-Rot-Gold, obwohl durch das Hitlerreich keineswegs diskreditiert, waren von den Alliierten ebenso verboten worden wie das Deutschlandlied.

Vor dem Gebäude hängen die Flaggen der damaligen elf Länder Nordrhein-Westfalen, Bremen, Schleswig-Holstein, Hamburg, Niedersachsen, Bayern, Hessen, Rheinland-Pfalz, Baden, Württemberg-Baden, Württemberg-Hohenzollern.

102. 23. Mai 1949. Nach der Verkündung des Grundgesetzes der Bundesrepublik Deutschland durch den Präsidenten des Parlamentarischen Rates, Konrad Adenauer, erheben sich die Abgeordneten von den Sitzen und singen in Ermangelung einer Hymne – das »Lied der Deutschen« ist verboten – das alte Burschenschafterlied »Ich hab mich ergeben mit Herz und mit Hand, Dir Land voll Lieb und Leben, mein deutsches Vaterland.«

Wenige Tage vorher ist in der Flaggenfrage die Entscheidung gefallen. Mit 49 gegen 1 Stimme entscheiden sich die Mitglieder des Parlamentarischen Rates für die Farben der deutschen demokratischen Tradition. Artikel 22 des Grundgesetzes bestimmt: »Die Bundesflagge ist schwarz-rot-gold.« Der SPD-Abgeordnete Ludwig Bergsträsser begründet diese Wahl: »Wir wollen, daß die Bundesrepublik Deutschland die Flagge führt, die in Weimar gesetzlich festgelegt wurde . . . Eine Flagge ist ein Symbol, und als Symbol soll sie zweierlei Elemente enthalten: eines der Tradition und eines – ich möchte sagen – der inneren Willenserklärung . . . Die Tradition von Schwarz-Rot-Gold ist Einheit und Freiheit . . . Diese Flagge soll uns als Symbol dafür gelten, daß die Freiheitsidee, die Idee der persönlichen Freiheit eine der Grundlagen unseres zukünftigen Staates sein soll.«

103. Konrad Adenauer (1876–1967) der Präsident des Parlamentarischen Rates, unterschreibt als erster das Grundgesetz. Der Verzicht auf das Wort Verfassung soll zeigen, daß mit der Bundesrepublik nur ein vorläufiger deutscher Staat geschaffen werden soll. Das Provisorium Grundgesetz macht in seiner Präambel die Absicht deutlich, »für eine Übergangszeit eine neue Ordnung zu geben«. Der letzte Satz der Präambel wendet sich an alle Deutschen: »Das gesamte deutsche Volk bleibt aufgefordert, in freier Selbstbestimmung die Einheit und Freiheit Deutschlands zu vollenden.«

102

103

104

105

104. Konstituierende Sitzung des ersten Deutschen Bundestages am 7. September 1949 im Plenarsaal des Bonner Bundeshauses, der vormaligen Pädagogischen Akademie am Rhein. An der Stirnseite des Parlaments die neue schwarz-rot-goldene Bundesfahne und die Wappen der elf Länder sowie Berlins. Die Westberliner Abgeordneten haben wegen des alliierten Sonderstatus ihrer Stadt kein Stimmrecht.

Eine endgültige Entscheidung über die Frage, ob Bonn oder die Mainmetropole Frankfurt Sitz von Regierung und Parlament sein wird, ist noch nicht gefallen. Am 15. September 1949 wird der CDU-Abgeordnete Konrad Adenauer mit einer Stimme Mehrheit zum ersten Bundeskanzler der Bundesrepublik Deutschland gewählt.

Am 3. November 1949 stimmen 200 Abgeordnete gegen eine Verlegung des Bundessitzes nach Frankfurt am Main, 176 dafür. Damit wird das rheinische Bonn provisorische Bundeshauptstadt. Gleichzeitig wird festgelegt, daß Berlin Hauptstadt eines wiedervereinigten Deutschlands sein wird.

105. Am 20. Januar 1950 wird durch Bundespräsident Theodor Heuss der seit 1927 gültige Adler der Weimarer Republik als Bundeswappen eingeführt: »Aufgrund eines Beschlusses der Bundesregierung gebe ich hiermit bekannt, daß das Bundeswappen auf goldgelbem Grund einköpfig den schwarzen Adler zeigt, den Kopf nach rechts gewendet, die Flügel offen, aber mit geschlossenem Gefieder, Schnabel, Zunge und Fänge von roter Farbe. Wird der Bundesadler ohne Umrandung dargestellt, so sind das gleiche Bild und die gleichen Farben wie beim Adler im Bundeswappen zu verwenden, doch sind die Spitzen des Gefieders nach außen gerichtet . . .«

106

106. Am 7. Oktober 1949 wird in Ost-Berlin ein zweiter deutscher Staat gegründet, die Deutsche Demokratische Republik. Bei der nächtlichen Jubelfeier werden Transparente mit den Konterfeis der neuen Führer durch die Straßen getragen. DDR-Staatspräsident Wilhelm Pieck gibt Ministerpräsident Otto Grotewohl die Hand – Symbol der in der sowjetischen Besatzungszone vollzogenen Zwangsvereinigung von SPD und KPD zur SED. Dahinter ein Bild des sowjetischen Diktators Josef Stalin.

Die beiden Staaten auf deutschem Boden spiegeln den politischen Gegensatz der Siegermächte wider. Die Bundesrepublik entwickelt sich nach dem Muster der westlichen Demokratien, die DDR folgt dem sowjetischen, stalinistischen Modell.

Die Einheit Deutschlands wird gleichwohl als Ziel von beiden Seiten beschworen, beide Verfassungen geben sich gesamtdeutsch. In der DDR gibt es (vorerst) die gleiche schwarzrot-goldene Fahne wie in der Bundesrepublik, nicht jedoch die gleiche Hymne. Während in der Bundesrepublik die Entscheidung über die Hymne noch aussteht, gibt sich die DDR einen »Nationalgesang«. Der Text stammt vom Dichter Johannes R. Becher, die Melodie von Hanns Eisler:

»Auferstanden aus Ruinen
und der Zukunft zugewandt
laß uns dir zum Guten dienen
Deutschland – einig Vaterland . . .«

107

108

107. 18. April 1950. Bundeskanzler Konrad Adenauer stattet Berlin seinen Antrittsbesuch ab. Im Titania-Palast beendet er eine Rede zur Deutschlandpolitik mit der Aufforderung ans Publikum, sich zu erheben und gemeinsam die dritte Strophe des Deutschlandliedes zu singen. Die drei Stadtkommandanten der Westalliierten bleiben sitzen, die Mitglieder des SPD-Vorstandes verlassen protestierend den Saal, aber der SPD-Oberbürgermeister Ernst Reuter und seine Vorgängerin Louise Schröder singen mit.

Adenauer will den »Fall Hymne« pragmatisch regeln. Er weiß, daß die meisten Deutschen die Hoffmann-Haydnsche Hymne wollen, laut Meinungsumfragen 75 Prozent. Der SPD-Vorsitzende Kurt Schumacher, obwohl im Grunde selbst für das »Deutschlandlied«, spricht von einem »Handstreich« Adenauers. Zwar tut der »Alte« erstaunt und wiegelt ab: Nie habe er daran gedacht, »eine Nationalhymne quasi diktatorisch einführen zu wollen«. Doch auch Heuss ist höchst erzürnt und fühlt sich in seiner Kompetenz beschnitten. Schon tags darauf veröffentlicht das Bundespräsidialamt eine Erklärung, in der es heißt: »Die Bestimmung einer Nationalhymne gehört nach deutschem Staatsrecht als Teil des Organisationsgebietes zum Prärogativ des Bundespräsidenten.«

108. 21. Oktober 1950. Bundeskanzler Adenauer hält auf dem ersten Gesamtparteitag der CDU in Goslar die Eröffnungsrede. Hinter dem Präsidium die Anfangszeile der dritten Strophe des Deutschlandliedes »Einigkeit und Recht und Freiheit.« In seiner Rede erklärt Adenauer: »Die Wiederherstellung der Einheit Deutschlands ist unser großes Ziel, das wir niemals aus den Augen lassen und das wir – davon bin ich fest überzeugt – auch erreichen werden.«

109. Bundespräsident Heuss ist gegen eine Wiedereinsetzung des Deutschlandliedes als Nationalhymne. Schon Anfang 1950 hat er den Dichter Rudolf Alexander Schröder gebeten, den Text für eine neue Hymne zu schaffen. Schröder verfaßt darauf eine »Hymne an Deutschland«.

»Land des Glaubens, deutsches Land,
Land der Väter und der Erben,
uns im Leben und im Sterben
Haus und Herberg, Trost und
Pfand...«

Im September 1950 bittet Heuss in einem »streng vertraulichen Brief« den Komponisten Carl Orff um eine Melodie zu Schröders Text. Zur Begründung schreibt er: »Viele Versuche bedrängen mich, das Hoffmannsche Deutschlandlied wiederzuwählen, aber ich war von Anbeginn dazu entschlossen, es nicht zu tun, denn die erste Strophe paßt nicht mehr in die geschichtliche Landschaft, die zweite ist trivial und immer trivial gewesen, die dritte allein für sich zu wenig. Die mannigfaltigen Versuche, auf die Haydnsche Melodie einen neuen Text zu stülpen, halte ich für aussichtslos. Ich glaube die Deutschen genug zu kennen, um zu wissen, daß dann die ›loyalen‹ Patrioten den sogenannten amtlichen Text, die ›militanten‹ Patrioten, oder die sich dafür halten, den Hoffmannschen Text singen, und wir kommen aus dem ewigen Sängerwettstreit der Stärkeren nicht heraus.«

109

BULLETIN

DES PRESSE- UND INFORMATIONSAMTES DER BUNDESREGIERUNG

.6. Mai 1952 Nr. 51/S. 537

Das Deutschlandlied ist Nationalhymne

Ein Briefwechsel zwischen Bundespräsident Theodor Heuss und Bundeskanzler Konrad Adenauer

Der Brief des Bundeskanzlers

Bundesrepublik Deutschland
Der Bundeskanzler **Bonn, 29. 4. 52**

An den
Bundespräsidenten der
Bundesrepublik Deutschland
Herrn Prof. Dr. Theodor Heuss
Bonn

Sehr geehrter Herr Bundespräsident!

Die Frage einer „National-Hymne" ist in den vergangenen zwei Jahren wiederholt zwischen uns besprochen worden. Ich achtete, wenn auch mit Zweifel an dem Gelingen, Ihren Versuch, durch einen neuen Text und durch eine neue Melodie über die unliebsamen Zwischenfälle hinwegzukommen, die bei der Wiedergabe oder bei dem Absingen des „Deutschland-Liedes" sich ereignet haben; es sollte vermieden bleiben, hier einen neuen Streit in unser Volk zu tragen.

Sie haben mir selber gelegentlich zum Ausdruck gebracht, daß Sie das Bemühen als gescheitert betrachten müssen. Die Gründe mögen jetzt unerörtert bleiben. Als das Kabinett Sie vor Monaten durch mich bitten ließ, sich für die dritte Strophe des „Deutschland-Liedes" zu entscheiden, gab ich zu, daß Ihre damalige Gegenargumentation eine innere Berechtigung besaß.

Inzwischen ist nun die Frage dringend geworden, und ich muß den Wunsch der Bundesregierung darum pflichtgemäß wiederholen. Sie wissen selber um die Lage, in der bei amtlichen Veranstaltungen unsere ausländischen Vertretungen sich befinden. Ich will in diesem Augenblick die innerdeutschen Gefühlsmomente, deren Gewicht von uns beiden gleich hoch gewertet wird, gar nicht in Anschlag bringen. Es ist wesentlich der außenpolitische Realismus, der uns, Ihnen wie mir, nahelegen muß, die Entscheidung nicht weiter hinauszuzögern; ich möchte auch hoffen dürfen und glaube, dazu Grund zu haben, daß die innenpolitischen Vorbehalte, die sich auf den Mißbrauch des „Deutschland-Liedes" durch die Vernichter des alten Deutschland beziehen, an Schärfe verloren haben — war es doch der Reichspräsident Friedrich Ebert, der das „Deutschland-Lied" durch eine staatsmännische Entscheidung zur Nationalhymne erklärte.

Daher die erneute Bitte der Bundesregierung, das Hoffmann-Haydn'sche Lied als Nationalhymne anzuerkennen. Bei staatlichen Veranstaltungen soll die dritte Strophe gesungen werden.

Mit freundlichen Grüßen
Ihr
gez. Adenauer

Die Antwort des Bundespräsidenten

Der Präsident
der Bundesrepublik Deutschland **Bonn/Berlin, 2. 5. 1952**

Sehr geehrter Herr Bundeskanzler!

Sie haben recht: ich wollte vermieden wissen, daß in öffentlichen Veranstaltungen mit einem vaterländischen Akzent, gleichviel wie ihre Ausdehnung oder wie ihr Rang sei, ein Mißklang ertöne, weil sehr, sehr viele Menschen unseres Volkes Haydns große Melodie nur eben als Vorspann zu dem „dichterisch" und musikalisch minderwertigen Horst-Wessel-Lied im Gedächtnis haben, dessen banale Melodie den Marsch-Takt in ein Volksverderben abgab.

Doch das ist es nicht allein. Als mich die Frage nach einer Nationalhymne bewegte — und das liegt innerlich längst vor meiner Wahl zum Bundespräsidenten — glaubte ich, daß der tiefe Einschnitt in unserer Volks- und Staatengeschichte einer neuen Symbolgebung bedürftig sei, damit wir vor der geschichtlichen Tragik unseres Schicksals mit zugleich reinem und freiem Herzen, in klarer Nüchternheit des Erkennens der Lage bestehen werden. Ich weiß heute, daß ich mich täuschte. Ich habe den Traditionalismus und sein Beharrungsbedürfnis unterschätzt. Man hat mir wegen meines Planes manche herzhafte Zustimmung gegeben, und zwar aus schier allen heute wesentlichen politischen Gruppen, man hat mich bewegend, entrüstet, töricht, banal in zahllosen Briefen, Telegrammen, Resolutionen belehrt, daß man in der Not die Vergangenheit nicht verleugne usf. usf. Wenn mich jemand über geschichtliches Würdegefühl belehren wollte, habe ich das kühl auf die Seite geschoben. Denn ich bin stolz und selbstbewußt genug, zu meinen, daß einige meiner in der Vergangenheit liegenden literarischen und wissenschaftlichen Arbeiten der deutschen Würde bekömmlicher waren als die Leistung mancher „prominenter" Protestler von heute, die besser schweigen.

Da ich kein Freund von pathetischen Dramatisierungen bin und mit mir selber im reinen bleiben will, muß ich nach meiner Natur auf eine „feierliche Proklamation" verzichten. Wenn ich also der Bitte der Bundesregierung nachkomme, so geschieht das in der Anerkennung des Tatbestandes.

Ich möchte daran zwei Erwartungen und Wünsche knüpfen. In den letzten Jahren habe ich, zum Teil durch recht prominente Mitglieder aus den Reihen der CDU, der FDP, der SPD Versicherungen erhalten, wie richtig, wie falsch das sei, was ich versucht habe — es wäre ein Glück, wenn nun das Kapitel der Parteiauffassungen abgeschlossen wäre, das auch in einigen Landtagen abgehandelt wurde. Zum anderen: Man hatte mir nahegelegt, bei der Freigabe von Helgoland den erwarteten Akt der „Proklamation" zu vollziehen, weil bekanntlich auf dieser Insel Hoffmann seine Verse gedichtet hat. Das ist nun so: Hoffmann von Fallersleben war ein Schwarz-Rot-Goldener, sogar leicht verärgert, daß nach 1870 sein Gedicht gar nicht in Aufnahme kam. Ich würde sehr froh sein, wenn alle, die sich jetzt in Briefen und Entschließungen und Artikeln so lebhaft zu ihm bekannt haben, auch die Folgerungen daraus weiter ziehen, und es wäre verdienstlich, Herr Bundeskanzler, wenn die Bundesregierung mit dafür sorgen könnte, daß diese Farben bei festlichen Anlässen, da man die Worte von Hoffmann von Fallersleben singen will und singen wird, nicht bloß an den Amtsgebäuden wehen, sondern von den Mitgliedern der Gruppen, die sich dafür in Beschlüssen erklärt haben, als das Symbol unseres Staates auch öffentlich bekannt würden.

Mit guten Grüßen
Ihr
gez. Theodor Heuss

Herrn Bundeskanzler
Dr. Adenauer
Bonn

INHALT

Die deutschen Schwimmdocks — General Eisenhower beim Bundeskanzler — Verkehrsleistungen der Bundespost im März 1952 — Durchfuhr durch die Bundesrepublik im März 1952 — Unterhaltsbeihilfe für Angehörige von Kriegsgefangenen — „Echo der Woche" — Ausschuß des Europarates in Bonn — Verdienstkreuz für Berliner — Kriegsverbrecherverfahren in Griechenland niedergeschlagen — Anfragen an die „Deutsche Diplomatische Vertretung in Bonn

110

110. 6. Mai 1952. Im Bulletin teilt das Presse- und Informationsamt der Bundesregierung mit: »Das Deutschlandlied ist Nationalhymne«, und veröffentlicht den betreffenden Briefwechsel zwischen Kanzler und Präsident.

So politisch klug die Regelung, das ganze Deutschlandlied zur Nationalhymne zu erheben, bei staatlichen Veranstaltungen aber nur die dritte Strophe zu singen, damals erschien, sie führte bald zu Konfusionen und Mißdeutungen, die bis heute andauern. (Siehe Anmerkung S. 149) Erst der Briefwechsel zwischen Bundespräsident von Weizsäcker und Bundeskanzler Kohl vom August 1991 (siehe S. 147) hat hier Klarheit geschaffen.

111. 17. Juni 1953. Aus Ost-Berlin ziehen Demonstranten, das Deutschlandlied singend, durch das Brandenburger Tor. Nicht nur in Berlin, sondern in vielen Städten der DDR kommt es zur Volkserhebung gegen das verhaßte SED-Regime, gegen die unnatürliche Teilung der Deutschen in zwei Staaten. Der Aufstand beginnt am 16. Juni als Protest gegen eine willkürliche Erhöhung der Arbeitsnormen in der Bauindustrie, steigert sich aber rasch zur allgemeinen Forderung nach Freiheit und Selbstbestimmung.

Gegen den Zorn der aufgebrachten Bürger ist das Regime machtlos. Aber mit Hilfe der Panzer der Besatzungsmacht Sowjetunion erlangen die kommunistischen Funktionäre die Kontrolle zurück. Die aufgekeimte Hoffnung auf »Einigkeit und Recht und Freiheit« schwindet, die Wiedervereinigung Deutschlands bleibt ein Wunschtraum.

Die bittere Bilanz des Aufstandes: 538 Tote und zahlreiche Verwundete, über fünftausend Verhaftungen und 106 Todesurteile. Der 17. Juni wird drei Wochen später vom Deutschen Bundestag in Bonn durch Gesetz zum »Tag der Deutschen Einheit« bestimmt.

111

112

112. Im Januar 1954 begrüßt Bundeskanzler Adenauer im Lager Friedland heimkehrende deutsche Kriegsgefangene aus der Sowjetunion. Bei ihrer Ankunft singen sie »Deutschland, Deutschland über alles«. Die Aufnahmen der Wochenschau zeigen ihre ergriffenen Gesichter. Doch die Zeilen »Von der Maas bis an die Memel, von der Etsch bis an den Belt« werden aus dem Wochenschaufilm herausgeschnitten.

Zum Problem der drei Strophen der Hymne, das im Ausland wie im Inland weiter hohe Wellen wirft, schreibt damals die »Kassler Zeitung«: »Der ernsteste Vorwurf, den wir uns machen müssen, liegt darin, daß wir das Lied nicht mehr als eine Einheit nehmen, es vielmehr fein säuberlich in Strophen zerlegen und diejenige erklingen lassen, von der wir meinen, daß sie die ›richtige‹ sei ... Wenn wir selbst das Deutschlandlied wie einen Kuchen behandeln, aus dem sich jeder das Stück herausschneidet, das er für das beste hält, dürfen wir uns nicht wundern, daß das in seinen eigenen Nationalhymnen nicht so zurückhaltende Ausland immer wieder in den Text Hoffmann von Fallersleben etwas hineingeheimnist, was gar nicht drin enthalten ist.«

113

113. Als die deutsche Fußballmannschaft 1954 im Berner Wankdorf-Stadion die Fußball-Weltmeisterschaft gewinnt, stimmen die deutschen Besucher bei der Siegerehrung die erste Strophe des Deutschlandliedes an. Daraufhin bricht der schweizerische Rundfunk sofort seine Übertragung ab. In der deutschen Presse und in der Öffentlichkeit gibt es über dieses Ereignis erregte Debatten. So steht im Berliner »Tagesspiegel« der bissige Satz: »Ja, wir Deutschen sind verstockte Schüler; noch immer haben wir die Teilhymne unseres Teildeutschlands nicht ordentlich gelernt.«

114

114. Am 5. Mai 1955 wird die Bundesrepublik Deutschland souverän, wenn auch weiterhin mit gewissen Einschränkungen. Adenauer, der die Zugeständnisse der Westalliierten mit seiner Politik der Westbindung erreicht hat, feiert den Erfolg mit seinen Mitarbeitern im Garten seines Amtssitzes unter der schwarz-rot-goldenen Bundesdienstflagge. Der Kanzler: »Heute, fast zehn Jahre nach dem militärischen und politischen Zusammenbruch des Nationalsozialismus, endet für die Bundesrepublik Deutschland die Besatzungszeit. Mit dieser Genugtuung kann die Bundesregierung feststellen: Wir sind ein freier und unabhängiger Staat.«

115

115. Der wohlbeleibte, Zigarre rauchende Wirtschaftsminister Ludwig Erhard (1897–1977) wird mit seiner Sozialen Marktwirtschaft zur Symbolfigur des wirtschaftlichen Wiederaufstiegs, zum Vater des allseits bestaunten »Wirtschaftswunders« der Bundesrepublik. Rasch erweist sich die Soziale Marktwirtschaft der in der DDR wie im gesamten Ostblock praktizierten Planwirtschaft weit überlegen. In seinem Buch »Wohlstand für alle« wendet sich Erhard 1957 jedoch gegen den Begriff »Wirtschaftswunder«: »Das, was sich in Deutschland in den letzten neun Jahren vollzogen hat, war alles andere als ein Wunder. Es war nur die Konsequenz der ehrlichen Anstrengung eines ganzen Volkes, das nach freiheitlichen Prinzipien die Möglichkeit eingeräumt erhalten hat, menschliche Initiative, menschliche Energien wieder anwenden zu dürfen.«

116. Zehn Jahre lang haben beide deutsche Staaten die gleiche Flagge. Diese Gemeinsamkeit ist am 1. Oktober 1959 vorbei. Die DDR fügt ihr Staatswappen in die schwarz-rot-goldenen Farben ein: goldener Ährenkranz, darin ein geöffneter Zirkel und ein Hammer. Die drei Symbole stehen für das Bündnis von Bauern, Arbeitern und wissenschaftlicher Intelligenz. Um den Ährenkranz schlingt sich ein schwarz-rot-goldenes Tuch. Die neue Staatsflagge soll die von der DDR propagierte Zwei-Staaten-Theorie untermauern. In der Bundesrepublik wird sie als »Spalterflagge« tituliert.

116

117. Anläßlich der Olympischen Spiele in Rom 1960 wird für die gesamtdeutsche Mannschaft eine Kompromißflagge geschaffen: In den roten Streifen sind in Weiß die fünf olympischen Ringe eingefügt. Diese Flagge wird auch 1964 bei der Olympiade in Tokio der letzten gesamtdeutschen Mannschaft vorangetragen.

117

118

118. 13. August 1961. Das Brandenburger Tor wird von DDR-»Betriebskampfgruppen« abgeriegelt. Entlang der innerstädtischen Sektorengrenze und um West-Berlin herum beginnt das Ulbricht-Regime mit dem Bau der Berliner Mauer. Die Grenzposten erhalten Schießbefehl. Der Wechsel von Berlin-Ost nach Berlin-West ist nur noch unter Lebensgefahr möglich. Jede Hoffnung auf eine baldige Einheit Deutschlands schwindet dahin. Die westlichen Verbündeten haben – so empfinden es viele Deutsche – vor dem Osten klein beigegeben, hätten die Mauer verhindern müssen. In der Bevölkerung wächst die Resignation. Die beiden deutschen Staaten erscheinen wie ohnmächtige Figuren auf dem Schachbrett der Supermächte.

119

119. August 1962. Soldaten der Nationalen Volksarmee der DDR befestigen den »anti-imperialistischen Schutzwall«, wie die Mauer im DDR-Jargon heißt. Demonstrativ ist die DDR-Flagge aufgepflanzt. Die Mauer, mit der die SED-Führung eine Bevölkerung von siebzehn Millionen einsperrt, wird immer perfekter und unmenschlicher. Bis 1989 werden allein in Berlin 71 Flüchtlinge von DDR-Grenzposten erschossen. Die eigene Schwäche des Systems, dem die Menschen vor dem Mauerbau zu Hunderttausenden wegliefen, wird umgemünzt in arrogante Kraftmeierei: »Wer uns angreift, wird vernichtet.«

120. Am 19. April 1967 stirbt Konrad Adenauer, der von der Gründung der Bundesrepublik 1949 bis 1963 ihr erster Kanzler war und der den westdeutschen Staat wie kein anderer prägte. Zum Pontifikalrequiem im Dom seiner Heimatstadt Köln finden sich am 25. April fünfzehn Staatspräsidenten und Regierungschefs ein, darunter US-Präsident Lyndon B. Johnson, der französische Staatspräsident Charles de Gaulle und der britische Premier Harold Wilson. Dies zeigt das wiedergewonnene internationale Ansehen der Bundesrepublik, das ganz wesentlich ein Verdienst Adenauers war.

Der Vorwurf, Adenauer habe durch seine Politik der kompromißlosen Westbindung die Wiedervereinigung Deutschlands verhindert, ist zwar nie verstummt. Doch aus heutiger Sicht hat die politische Entwicklung Adenauers Ansicht recht gegeben, daß nur die Bewahrung der Freiheit in einer starken Westbindung den Deutschen die Einheit in Freiheit bringen werde.

120

121. Die sozialliberale Koalition unter Willy Brandt versucht seit 1969, »die Einheit der Nation dadurch zu wahren, daß das Verhältnis zwischen den Teilen Deutschlands aus der gegenwärtigen Verkrampfung gelöst wird«. »Wandel durch Annäherung« heißt die Formel. Am 19. März 1970 trifft Brandt in Erfurt mit DDR-Ministerpräsident Willi Stoph zusammen. Doch die großen Hoffnungen, die die erste Reise eines Bundeskanzlers in die DDR geweckt hat, werden enttäuscht. Es bleibt beim Austausch der gegensätzlichen Standpunkte. Stoph betont »den fundamentalen gesellschaftlichen Unterschied zwischen dem Volk der DDR und dem Volk der Bundesrepublik«.

1968 hat die DDR den in Artikel 1 ihrer Verfassung enthaltenen gesamtdeutschen Bezug gestrichen. Es heißt nun: »Die Deutsche Demokratische Republik ist ein sozialistischer Staat deutscher Nation.«

122. Ostern 1972. Brandts Ostpolitik bringt den Menschen erste spürbare Erleichterungen. Die Trennung wird wenigstens für Stunden aufgehoben.

Nach dem Moskauer und Warschauer Vertrag 1970 wird am 3. September 1971 in Berlin ein Vier-Mächte-Abkommen unterzeichnet, das die politische Überlebensfähigkeit des Westteils der Stadt auf eine gesicherte Grundlage stellt. Am 17. Dezember 1971 wird zwischen Bonn und Ost-Berlin das sogenannte Transitabkommen unterzeichnet, der erste Vertrag zwischen beiden deutschen Staaten. Am 21. Dezember 1972 wird der »Vertrag über die Grundlagen der Beziehungen zwischen der Bundesrepublik Deutschland und der Deutschen Demokratischen Republik« abgeschlossen. Nach Artikel 1 wollen beide Seiten »normale gutnachbarliche Beziehungen zueinander auf der Grundlage der Gleichberechtigung« entwickeln. Der Vertrag bringt der DDR die internationale Aufwertung, die sie so sehr begehrt. Dennoch wird die volle völkerrechtliche Anerkennung vermieden.

121

122

123

124

123. 18. September 1973. Vor dem Gebäude der Vereinten Nationen werden die Fahnen von drei neuen Mitgliedern aufgezogen: zweimal Deutschland und die Bahamas. Schwarz-Rot-Gold pur für die Bundesrepublik, Schwarz-Rot-Gold mit Hammer und Zirkel für die Deutsche Demokratische Republik. Zwei Staaten einer Nation gleichberechtigt in der UNO – für viele ist dies der Schwanengesang der deutschen Einheit. Außenpolitisch hat die DDR ihr Ziel der Anerkennung erreicht. Bei ihren Bürgern beginnt sie, um allen gesamtdeutschen Hoffnungen endgültig entgegenzutreten, mit einer ideologischen Abgrenzungskampagne, die im Oktober 1974 in einer Verfassungsänderung gipfelt. Alle Bezüge auf »Deutschland« und die »deutsche Nation« werden entfernt. In der Präambel ist nun vom »Volk der Deutschen Demokratischen Republik« die Rede, das »die entwickelte sozialistische Gesellschaft« gestaltet. Der Erste Sekretär der SED, Erich Honecker, erfindet die »sozialistische Nationalität« in der DDR und die »kapitalistische Nation« in der BRD, die sich »ihren sozialen Grundlagen und Inhalten nach« unterscheiden, »weil es sich um zwei qualitativ verschiedene historische Typen der Nation handelt«.

124. Die deutsch-deutsche Grenze, die hier die Ortschaften Kleinensee im Westen (Hessen) und Großensee im Osten (Thüringen) trennt. Die jahrzehntelange Spaltung läßt die Vorstellung von der deutschen Einheit zunehmend verblassen. Mitte der achtziger Jahre belegt eine Umfrage, daß nur noch ein Viertel der Jugendlichen in der Bundesrepublik der Auffassung ist, beide deutsche Staaten gehörten einer gemeinsamen Nation an. Die Hälfte der Befragten hält die DDR bereits für Ausland.

125

125. 13. Dezember 1981. Bundeskanzler Helmut Schmidt und der DDR-Staatsratsvorsitzende Erich Honecker betrachten im Güstrower Dom den Bronzeengel von Ernst Barlach, ein Denkmal für die im Krieg Gefallenen. In der mecklenburgischen Stadt endet ihre dreitägige Begegnung, die erste zwischen deutschen Spitzenpolitikern seit dem Treffen Brandt-Stoph vor elf Jahren. Sie bleibt ergebnislos und endet besonders deprimierend: In Güstrow verhindern dichte Absperrketten der Polizei den Kontakt des Bundeskanzlers zur Bevölkerung. Eine Szene, die schlaglichtartig die widernatürliche Situation der beiden deutschen Staaten beleuchtet.

In einer Rede an anderer Stelle warnt Honecker die Westdeutschen: »Wenn heute bestimmte Leute im Westen großdeutsche Sprüche klopfen und so tun, als ob ihnen die Vereinigung beider deutscher Staaten mehr am Herzen liegen würde als ihre Brieftasche, dann möchte ich ihnen sagen: Seid vorsichtig! Der Sozialismus klopft eines Tages auch an Eure Tür, und wenn der Tag kommt, an dem die Werktätigen der Bundesrepublik an die sozialistische Umgestaltung der Bundesrepublik Deutschland gehen, dann stellt sich die Frage der Vereinigung beider deutscher Staaten vollkommen neu.«

126

126. Der Blick über Mauer und Brandenburger Tor in den Ostteil von Berlin. Die »sozialistische Hauptstadt« der DDR hat sich ein modernes Gesicht gegeben. Die Silhouette wird neben Domkuppel und Rathausturm vom Hochhaus des neuen Handelszentrums und dem Fernsehturm bestimmt. Am Ende des berühmten historischen Prachtboulevards »Unter den Linden« das Gebäude der DDR-Volkskammer, der »Palast der Republik«. Ost-Berlin ist das bevorzugte Vorzeigeobjekt für die »Überlegenheit des Sozialismus«. Dafür verfallen andere Städte im Land.

Nach wie vor sind viele Deutsche nicht bereit, sich mit der gespenstischen »Normalität« der Teilung Berlins, Deutschlands und Europas abzufinden. Anläßlich des 150. Jahrestages des Hambacher Festes unterzeichnen Bürger aller politischen Richtungen einen »Hambacher Aufruf«, in dem es heißt: »Die heutige Spaltung Europas in zwei Blöcke muß überwunden werden, auch wenn dies zur Zeit als Utopie erscheinen mag.«

Am 1. Oktober 1982 kommt es zum Regierungswechsel in Bonn. Helmut Kohl wird zum Bundeskanzler gewählt. Er erklärt: »Das Bewußtsein der Einheit Deutschlands und der gemeinsamen deutschen Kultur und Geschichte wachzuhalten, ist für uns Aufgabe und Verpflichtung ... Wir Deutschen finden uns mit der Teilung unseres Vaterlandes nicht ab.«

127

127. Am 6. April 1986 besucht der neue Generalsekretär der Kommunistischen Partei der Sowjetunion, Michail Gorbatschow, Ost-Berlin und das Brandenburger Tor. Auf dem ersten Gipfeltreffen mit US-Präsident Ronald Reagan im November 1985 in Genf haben sich beide verpflichtet, auf militärische Überlegenheit zu verzichten. Mit dieser Verabredung der zwei mächtigsten Männer der Erde beginnt eine neue Epoche der Entspannung, die für Deutschland eine historische Wende bringen wird.

Am 12. Juni 1987 kommt Reagan anläßlich des 750. Geburtstages Berlins in die Stadt und hält am Brandenburger Tor eine Rede: »Heute sage ich, solange dieses Tor geschlossen ist, solange diese Wunde der Mauer hier steht, ist es nicht nur eine deutsche Frage, die offen ist, sondern die Frage der Freiheit für die gesamte Menschheit ... Herr Gorbatschow, reißen Sie diese Mauer ein!« Und optimistisch fügt er hinzu: »Diese Mauer wird fallen, und der Glaube wird Realität werden. In ganz Europa wird diese Mauer fallen.«

128, 129. Am 7. September 1987 wird Staats- und Parteichef Erich Honecker in Bonn mit allen protokollarischen Ehren, einschließlich DDR-Hymne und DDR-Fahne, empfangen. Das bedeutet faktisch die Anerkennung der DDR als unabhängiger und gleichberechtigter deutscher Staat durch die Bundesrepublik. Auch wenn Bundeskanzler Kohl unzweideutig klarmacht, daß dieser Besuch Honeckers nichts am Ziel der deutschen Einheit ändert, wirkt das Zusammentreffen der beiden deutschen Staatsführer auf viele Bürger wie die endgültige Bestätigung der Teilung Deutschlands.

Gleichzeitig entwickelt Gorbatschows »Neues Denken« und das von ihm geprägte Bild vom »gemeinsamen Haus Europa« eine überraschende Eigendynamik. Die Teilung Deutschlands in der Mitte Europas durch Mauer und Stacheldraht wirkt plötzlich als völlig überholt, als störendes Relikt des Kalten Krieges. Die DDR gerät zunehmend unter Druck. Die alte Losung »Von der Sowjetunion lernen, heißt Siegen lernen« bringt die greisen Ideologen und Politiker des SED-Staates in die Zwickmühle. Doch Erich Honecker erklärt unerschüttert, daß die DDR keine Reformen benötige.

128

129

130

130. 1987 wird für das Nationaldenkmal Paulskirche in Frankfurt am Main eine neue Glocke gegossen. Der sogenannten Bürgerglocke sind die ersten vier Zeilen der dritten Strophe der Nationalhymne aufgeprägt: Einigkeit und Recht und Freiheit für das deutsche Vaterland. Danach laßt uns alle streben, brüderlich mit Herz und Hand. Außerdem trägt sie Daten und Symbole, die an herausragende Ereignisse der deutschen Geschichte erinnern: Frankfurt 1848; Versailles 1871; Weimar 1919; Berlin 1933; Ausschwitz-Birkenau; Dresden 1945; Bonn 1949. Hinzu kommen Portraits von Vorkämpfern für Demokratie, soziale Gerechtigkeit und Frieden und von Opfern der Gewaltherrschaft. Die Glocke der Paulskirche ertönt vor allem an nationalen Gedenk- und Feiertagen und mahnt an die Zusammengehörigkeit aller Deutschen.

131. Staatsakt zum vierzigjährigen Bestehen der Bundesrepublik am 24. Mai 1989 in der Bonner Beethovenhalle. Vor den deutschen Staatssymbolen würdigt Bundespräsident Richard von Weizsäcker das Grundgesetz. Dessen Präambel verpflichtet alle zu den politischen Zielen »Frieden und Einheit der Europäer, Einheit der Deutschen«. Der europäische Zusammenschluß vertrage sich durchaus mit »unserem Empfinden als Deutsche«, es dürfe keine Rede davon sein, daß »alles Nationale europäisch wegharmonisiert« werde. Je mehr übernationale Entscheidungen notwendig würden, um so wichtiger sei »die Verwurzelung zu Hause«. Europa und Deutschland seien kein Gegensatz. »Die offene deutsche Frage ist Ausdruck der Zusammengehörigkeit der Deutschen, die schweren Belastungen ausgesetzt und doch lebendig geblieben ist und bleibt, wie die Präambel selbst, die an die Freiheit anknüpft. Unsere Verfassung sieht die deutsche Frage nicht im Gegensatz, sondern im Zusammenhang mit Europa.«

131

132

132. DDR-Flüchtlinge in der bundesdeutschen Botschaft in Prag, September 1989. Über den Gitterzaun des Palais Lobkowicz klettern täglich Hunderte von Menschen in der Hoffnung, ihre Ausreise in die Bundesrepublik erzwingen zu können. Ende des Monats sind es bereits 4000. Die Überfüllung des Gebäudes und des Geländes schafft unzumutbare Zustände. Viele müssen unter freiem Himmel kampieren. Die sanitären Verhältnisse sind katastrophal.

Am 30. September fliegt Bundesaußenminister Hans-Dietrich Genscher nach Prag. Vom Balkon der Botschaft ruft er den Wartenden den Satz zu: »Wir sind zu Ihnen gekommen, um Ihnen mitzuteilen, daß heute Ihre Ausreise . . .« Seine Worte gehen in einem Aufschrei der Freude unter. Viele weinen vor Erregung. Und dann hört man die dritte Strophe des Deutschlandliedes: Einigkeit und Recht und Freiheit für das deutsche Vaterland . . .

Die Bilder von den Flüchtlingen aus der DDR konfrontieren die Welt mit der offenen deutschen Frage. Sie wirken mit ihrer Dramatik in die DDR zurück und stellen die Hohlheit und Anmaßung des SED-Staates bloß.

133. Am 6. Oktober 1989 feiert die DDR ihren vierzigsten Geburtstag. Erich Honecker hält in der Volkskammer die Festansprache. Links hinter ihm in der ersten Reihe der Generalsekretär der KPdSU, Michail Gorbatschow. Er warnt Honecker an diesem Tage mit der Bemerkung: »Wer zu spät kommt, den bestraft das Leben.« Doch der starrsinnige Staatsratsvorsitzende schlägt wie so viele andere Ratschläge auch diesen in den Wind und verkündet vielmehr die Erfolge des Sozialismus in der DDR. Die Revolution der Bürger, die sich an diesem Tage Bahn bricht, wird in wenigen Wochen das SED-Regime hinwegfegen.

133

Die deutsche Revolution (1989–1990)

134

134. Der Leipziger Karl-Marx-Platz zwischen Gewandhaus und Oper am 16. Oktober 1989. Aus der Nikolaikirche und der Innenstadt strömen die Bürger zur traditionellen Montagsdemonstration um den Altstadtring. An diesem Montag sind schon über 150000 auf den Straßen. Hier in Leipzig rufen sie zuerst: »Wir wollen raus!« und später in der trotzigen Umkehrung: »Wir bleiben hier!« Diese Stadt ist das Barometer der Volksstimmung. Hier hat acht Tage zuvor die friedliche Revolution der Bürger gegen die Unterdrückung des Staates gesiegt.

Der 9. Oktober von Leipzig war der Tag der Entscheidung. Gewaltlosigkeit und Kerzen erweisen sich stärker als Gewaltandrohung und Gewehrläufe. Die Einschüchterungen des Staates verlieren ihre Wirkung. Der Bann ist gebrochen, die Menschen atmen befreit auf. Der Sieg von Leipzig wird zum Signal im ganzen Land. Ab jetzt bestimmen die Bürger den Gang der Geschichte. Der Ruf »Wir sind das Volk« wird nun zur realen Politik.

Am 18. Oktober, zwei Wochen

nach den pompösen Feiern zum 40. Jahrestag der DDR, wird Erich Honecker von seinen eigenen Genossen im Zentralkomitee ausgebootet. »Aus gesundheitlichen Gründen« legt er »auf eigenen Wunsch« alle seine Ämter nieder. Mit dieser Palastrevolution entfernen die Frondeure – allen voran Egon Krenz, der frühere Zögling Honeckers – den Altstalinisten und Gorbatschow-Widersacher von der politischen Bühne, um mit einem flexibleren Kurs noch Anschluß an den Umbruch in Deutschland und Europa zu finden. Der neue SED-Generalsekretär Krenz räumt Fehler der Parteispitze ein und verspricht den Bürgern eine »Wende«. Damit hofft er, die Lawine des Volkszorns noch aufhalten zu können.

Das ist eine Illusion. Der Rücktritt Honeckers wird vom Volk nur als der Beginn tiefergreifender Veränderungen im Staat angesehen. Bei der traditionellen Montagsdemonstration fünf Tage später gehen in Leipzig bereits 300 000 Menschen auf die Straße. Eine Woche später sind es 500 000.

135

135. In Berlin demonstrieren am 4. November auf dem Alexanderplatz und vor der Volkskammer fast eine Million Bürger für demokratische Reformen und gegen den Machtmißbrauch der SED. Im Aufruf von 600 DDR-Künstlern zu dieser größten Massendemonstration in der Geschichte der DDR heißt es: »Die Straße ist die Tribüne des Volkes.« Auf den Plakaten und in Sprechchören wird vor allem Egon Krenz, der neue SED-Chef, attackiert. Ihm glaubt man die versprochene Wende nicht, weil er schon bei den Manipulationen der letzten Kommunalwahl gelogen hat.

Die Bürger haben keine Angst mehr. Die neue »Wende«-Führung will ihre »Offenheit« unter Beweis stellen. Die Kundgebung, auf der ihr Rücktritt gefordert wird, überträgt das Fernsehen der DDR live. Am 6. November wird der versprochene Entwurf eines neuen Reisegesetzes vorgelegt. Am Abend demonstriert in Leipzig eine halbe Million Bürger. Am 7. November tritt die DDR-Regierung, einen Tag später das Politbüro der SED geschlossen zurück.

136

136. 9. November 1989, 21.00 Uhr im Bundestag. Die Parlamentarier haben sich erhoben und singen – mit Ausnahme der Grünen – die Nationalhymne. Viele Abgeordnete haben Tränen in den Augen.

Die Berliner Mauer und die innerdeutsche Grenze sind offen. Ein jahrzehntelanger Traum hat sich erfüllt. Die Bürger der DDR haben sich selbst befreit und ihre Fesseln gesprengt. Am Abend hat SED-Politbüromitglied Günter Schabowski im DDR-Fernsehen den Entwurf zu einem neuen Reisegesetz verlesen: »Privatreisen nach dem Ausland können ohne Vorliegen von Voraussetzungen, Reiseanlässen und Verwandtschaftsverhältnissen beantragt werden. Die Genehmigungen werden kurzfristig erteilt ... Ständige Ausreisen können über alle Grenzübergangsstellen der DDR zur BRD erfolgen.«

Die SED-Führung ahnt nicht, welche Wirkung diese Worte noch in derselben Nacht haben. Die überraschten Ostberliner strömen in Massen zu den Grenzübergangsstellen der Mauer. Der Andrang dort wird immer größer. Die Grenzer müssen dem Druck der Massen schließlich nachgeben und öffnen die Übergänge.

137

137. Die Nacht vom 9. zum 10. November am Brandenburger Tor. Tausende stürmen von Ost nach West die Mauer. Die meisten können nicht wirklich begreifen, was sie erleben. So lautet der am meisten zu hörende Ausruf dieser Nacht schlicht »Wahnsinn«. Unbeschreibliche, bewegende Szenen spielen sich ab. Fremde Menschen fallen sich weinend und lachend in die Arme. Die Grenzposten, die früher auf »Republikflüchtlinge« schießen mußten, helfen nun den Menschen beim Erklimmen der Mauer. Gleiche Szenen gibt es in dieser Nacht überall in Berlin und an den Grenzübergängen von der DDR zur Bundesrepublik.

138

138. Junge Berliner mit der Deutschlandfahne auf der Mauer vor dem Brandenburger Tor am Morgen des 10. November. Was man in der Nacht noch nicht fassen konnte, ist nun taghelle Wirklichkeit. Noch Anfang des Jahres hatte Honecker gesagt, die Mauer werde noch hundert Jahre stehen. Nun ist für die jungen Menschen die Freiheit und die Einheit Deutschlands zum Greifen nahe. Ohne Anwendung von Gewalt haben sie die Mauer gesprengt. Diese Friedfertigkeit verblüfft die Welt, die die Deutschen in anderer Erinnerung hat.

139, 140. Montagsdemonstration in Leipzig Anfang Dezember 1989. Daß Deutschland trotz langer Spaltung eine Nation ist, hat das SED-Regime trotz vielfältiger Versuche nicht aus der Welt schaffen können.

Am 17. November verspricht der neue DDR-Ministerpräsident Hans Modrow den Bürgern eine »Vertragsgemeinschaft« mit der Bundesrepublik. Am 18. und 19. November, dem zweiten Wochenende nach Öffnung der Grenzen, besuchen zweieinhalb Millionen DDR-Bürger den Westen und machen sich ein eigenes Bild von der Bundesrepublik. Am 20. November demonstrieren in Leipzig 250000 Menschen, in Halle 50000, in Karl-Marx-Stadt 40000. Auch in Cottbus, Dresden, Ost-Berlin, Schwerin und anderen Städten wird demonstriert. Erstmals wird dabei die Forderung nach Wiedervereinigung laut. Aus der Parole »Wir sind das Volk« wird nun: »Wir sind *ein* Volk«.

Am 28. November legt Bundeskanzler Helmut Kohl seinen »Zehn-Punkte-Plan« zur Deutschlandpolitik vor. Darin greift er den Vorschlag Modrows von einer »Vertragsgemeinschaft« auf, geht aber noch einen Schritt weiter. Unter der Voraussetzung einer demokratisch legitimierten Regierung der DDR sei die Bundesregierung bereit, »konföderative Strukturen zwischen beiden Staaten in Deutschland zu entwickeln mit dem Ziel, eine Föderation, d.h. eine bundesstaatliche Ordnung in Deutschland zu schaffen . . .«.

139

140

Und Kohl fährt fort: »Wie ein wiedervereinigtes Deutschland schließlich aussehen wird, das weiß heute niemand. Daß aber die Einheit kommen wird, wenn die Menschen in Deutschland sie wollen, dessen bin ich sicher.«

141, 142. Dresden, 19. Dezember 1989. Hinter den Absperrketten der Polizei erwarten Bürger der Elbestadt den Bundeskanzler der Bundesrepublik, der hier mit DDR-Ministerpräsident Hans Modrow zusammentrifft. Ein Meer von schwarz-rot-goldenen Fahnen ohne DDR-Emblem symbolisiert ihren Wunsch nach Einheit. »Deutschland, einig Vaterland« – eine Zeile aus der DDR-Hymne, deren Text seit Jahren verboten ist.

Helmut Kohl spricht vor der Ruine der Frauenkirche, die in der Bombennacht vom 13./14. Februar 1945 zerstört wurde, zu Zehntausenden von Dresdnern. Sie feiern ihn begeistert mit »Helmut, Helmut«-Rufen. Der Kanzler: »Weihnachten, das ist das Fest der Familie, der Freunde. Und gerade in diesen Tagen empfinden wir uns in Deutschland wieder als eine deutsche Familie. Wir alle haben das empfunden in diesen Wochen und Tagen!«

Das Treffen von Dresden signalisiert der Welt, daß von nun an die beiden deutschen Staaten aufeinander zugehen, daß sie im europäischen Haus die mittlere Wohnung gemeinsam gestalten wollen. Die Zielrichtung ist klar: die deutsche Einheit. Ein Weg in Etappen, doch der Aufbruch wird für alle sichtbar. Im Fernsehen sagt Kohl später: »Für mich selbst war es eine der schwierigsten Reden meines Lebens, weil da auf der einen Seite diese ungeheure Emotion war, auf der anderen Seite Hunderte von Journalisten, Fernsehstationen aus der ganzen Welt. Es war eine ziemliche Gratwanderung, und für mich war eigentlich nach Dresden klar: Es wird die deutsche Einheit sehr viel schneller kommen, es wird die deutsche Einheit im Jahr 1990 kommen, das war mir in Dresden klar.«

142

141

ERVEREINIGUNG
NS PROGRAMM
RR MODROW

143

143. 22. Dezember 1989, 15.00 Uhr. Der lang ersehnte Traum wird Wirklichkeit: Die Mauer am Brandenburger Tor fällt. Anwesend sind unter anderen Bundeskanzler Helmut Kohl, DDR-Ministerpräsident Hans Modrow, die Bürgermeister von West-und Ost-Berlin, Walter Momper und Erhard Krack, sowie die beiden deutschen Außenminister Hans-Dietrich Genscher und Oskar Fischer.

Der Ruf »Macht das Tor auf« war seit dem Mauerbau 1961 immer dort zu hören gewesen, wo Menschen sich versammelten, um die deutsche Einheit einzufordern. Und Richard von Weizsäcker hatte als Regierender Bürgermeister von West-Berlin 1983 prägnant formuliert: »Die deutsche Frage bleibt so lange offen, wie das Brandenburger Tor geschlossen ist.« Nun also ist das Tor nicht länger Symbol der widernatürlichen Teilung, sondern der beginnenden Einigung Deutschlands.

144. Feuerwerk über dem Brandenburger Tor. Zur Silvesterfeier strömen rund eine halbe Million Menschen an diesen symbolträchtigen Ort – aus beiden Teilen der Stadt, aus beiden Teilen Deutschlands und aus aller Welt. Es wird das fröhlichste Silvesterfest, das Berlin je erlebte, zumal seit dem 24. Dezember erstmals wieder ein Reisen ohne Visum und Zwangsumtausch zwischen beiden deutschen Staaten möglich ist.

144

145

145. Bundeskanzler Helmut Kohl bei einer Regierungserklärung vor dem Deutschen Bundestag am 15. Februar 1990. Gemeinsam mit Außenminister Hans-Dietrich Genscher hat er das Ziel »deutsche Einheit« zur Chefsache gemacht. Er hat den sicheren Instinkt, daß die internationale politische Lage jetzt dafür günstig ist. Am 10. Februar konnte er nach einem Treffen mit Gorbatschow in Moskau der Öffentlichkeit mitteilen: »Ich habe heute abend an alle Deutschen eine einzige Botschaft zu übermitteln. Generalsekretär Gorbatschow und ich stimmen darin überein, daß es das alleinige Recht des deutschen Volkes ist, die Entscheidung zu treffen, ob es in einem Staat zusammenleben will. Generalsekretär Gorbatschow hat mir unmißverständlich zugesagt, daß die Sowjetunion die Entscheidung der Deutschen, in einem Staat zu leben, respektieren wird und daß es Sache der Deutschen ist, den Zeitpunkt und den Weg der Einigung selbst zu bestimmen. Ich danke Generalsekretär Gorbatschow, daß er dieses historische Ergebnis ermöglicht hat . . . Meine Damen und Herren, dies ist ein guter Tag für Deutschland und ein glücklicher Tag für mich persönlich.«

Am 13. und 14. Februar war DDR-Ministerpräsident Hans Modrow in Bonn. Kohl und Modrow vereinbaren die Bildung einer Expertenkommission zur Vorbereitung einer Wirtschafts- und Währungsunion.

146

146. Wahlkampf in der DDR für die ersten freien Wahlen zur Volkskammer, die am 18. März 1990 stattfinden. Bundeskanzler Kohl spricht am 14. März in Leipzig auf dem traditionellen Platz der Montagsdemonstrationen vor über 150000 Menschen. Schon in Erfurt im Februar versicherte Kohl den Bürgern: »Ich bin von unserer Politik der Einheit zu keiner Minute abgewichen. Ich habe immer gewußt, wenn wir daran glauben und dafür arbeiten, wird Wirklichkeit, was jetzt Wirklichkeit werden wird ... Die Bundesrepublik ist bereit, gemeinsam mit Ihnen das Land wieder aufzubauen.«

Die Spruchbänder sprechen eine deutliche Spache. Die Erwartungen und Hoffnungen, die sich auf den Kanzler richten, sind riesig: »Helmut, nimm uns an die Hand, zeig uns den Weg ins Wirtschaftswunderland.« Kohl verspricht keineswegs eine leichte Zukunft, dennoch hegen viele die Illusion, die soziale Marktwirtschaft sei ein Zauberstab, mit dem man über Nacht den gleichen Lebensstandard wie im Westen herbeizaubern könne.

147

147. März 1990. Ein Heißluftballon an historischer Stätte vor dem Nationaltheater in Weimar, in dem 1919 die erste deutsche republikanische Verfassung verabschiedet wurde. Dieser Ballon ist in den Monaten des Umbruchs in der DDR häufig zu sehen. Die Initiatoren aus der Bundesrepublik wollen mit ihm den UNO- und Europagedanken unterstützen und darauf hinweisen, daß die deutsche Einheit nur im internationalen Zusammenhang zu verwirklichen ist.

Im kanadischen Ottawa hat am 12. Februar 1990 der Konferenzmarathon zur internationalen Einbettung der deutschen Einheit begonnen. Bundesaußenminister Genscher schlägt dafür die griffige Formel »Zwei plus Vier«-Verhandlungen vor. Zwei, das sind die beiden deutschen Staaten, vier, das sind die Siegermächte des Zweiten Weltkrieges, die gegenüber Deutschland immer noch sogenannte »Vorbehaltsrechte« haben. Genscher zu seinem Vorschlag: »Mir ging es darum, einen realistischen Zeitpunkt zu setzen, der es uns ermöglicht, auch die äußeren Aspekte zu klären. Und es ist interessant, daß die vier Mächte auch erkannt haben, und zwar alle vier, daß es falsch wäre, die deutsche Vereinigung hinauszuschieben. Meine immer wiederholte Feststellung, die Vereinigung Europas kann sich nicht um die Deutschen herum vollziehen, sondern die deutsche Einheit ist unverzichtbar für die europäische Vereinigung, diese Feststellung hat, glaube ich, überall überzeugt.«

148, 149. Schwarz-Rot-Gold am Baugerüst des wiedererstehenden Dresdner Schlosses und über einer sächsischen Industrieanlage im Frühjahr 1990. In der ganzen DDR von der Ostsee bis zum Erzgebirge wehen in diesen Monaten die deutschen Farben als Ausdruck des Einigungswunsches. DDR-Fahnen sind nur vereinzelt zu sehen.

Am 18. März bescheren die Wahlen zur Volkskammer der »Allianz für Deutschland«, einem Bündnis aus CDU/CSU, DSU (Deutsche Soziale Union) und DA (Demokratischer Aufbruch), das die schnellstmögliche Vereinigung der beiden deutschen Staaten verspricht, einen hohen Sieg. Nicht der SPD-Favorit Ibrahim Böhme wird – wie vorher erwartet – DDR-Ministerpräsident, sondern der CDU-Vorsitzende Lothar de Maizière.

148

149

150

151

150, 151. Der innerdeutsche Grenzübergang bei Herleshausen in Thüringen vor und nach der Wende in der DDR. Wo früher Pässe und Visa notwendig waren und scharfe Grenzkontrollen lange Staus verursachten, herrscht nach Grenzöffnung und Aufhebung der Visumpflicht gähnende Leere.

Seit dem 1. Juli 1990 gilt die Währungs-, Wirtschafts- und Sozialunion. Wirtschaftlich ist die Nation damit wieder vereint. 42 Jahre lang hat es zwei deutsche Währungen gegeben. Nun soll die D-Mark das Land neu vereinen helfen. Wegen des wirtschaftlichen Gefälles zwischen Ost und West hatte es schon im Februar auf der Leipziger Montagsdemonstration geheißen: »Kommt die D-Mark, bleiben wir; kommt sie nicht, geh'n wir zu ihr.« Tatsächlich war die Zahl der Übersiedler ständig gestiegen und hatte die Politiker zum Handeln gezwungen.

152

152. Arbeiter entfernen das DDR-Staatswappen von der Stirnwand der Volkskammer in Ost-Berlin. Am 31. Mai hat die überwältigende Mehrheit der Abgeordneten beschlossen, daß das Staatswappen innerhalb einer Woche in und an allen öffentlichen Gebäuden entfernt werden muß. Die frei gewählten Parlamentarier machen Schluß mit dem Symbol der deutschen Spaltung. Das langjährige Bemühen der DDR-Führung, aus dem »Arbeiter- und Bauernstaat« eine eigene, »sozialistische« deutsche Nation zu schaffen, war – wie sich jetzt deutlich herausstellt – zum Scheitern verurteilt.

In der Frage einer gemeinsamen Hymne ist die Haltung differenzierter. DDR-Ministerpräsident Lothar de Maizière macht den Vorschlag, der dritten Strophe des Deutschlandliedes die erste der DDR-Hymne voranzustellen. Manfred Stolpe, heute Ministerpräsident von Brandenburg, empfiehlt: »Die Nationalhymne sollte aus Beethovens Neunter entnommen werden.« Auch Brechts Kinderhymne wird vorgeschlagen. Doch schließlich behält Hoffmanns »Lied der Deutschen« seinen Rang.

153

153. Begeisterung bei den Deutschen aus Ost und West. Bei der Fußballweltmeisterschaft 1990 in Italien stürmt die Mannschaft der Bundesrepublik von Sieg zu Sieg. Noch vor der Verwirklichung der staatlichen Einheit vereinen sich die Deutschen fahnenschwenkend im Fußballrausch, der am 9. Juli mit dem Gewinn der Weltmeisterschaft seinen Höhepunkt erreicht.

154. Ein DDR-Grenzpfahl an der Neiße im März 1990. Die endgültige Lösung der deutsch-polnischen Grenzfrage ist eine wichtige Voraussetzung für die internationale Billigung der deutschen Vereinigung. Im Frühsommer 1990 bekräftigen beide deutsche Parlamente die Unverletzlichkeit der Oder-Neiße-Grenze. Am 17. Juli wird auf der »Zwei plus Vier«-Konferenz in Paris in Anwesenheit des polnischen Außenministers Krysztof Skubiszewski die deutsch-polnische Grenze auch international bestätigt. Skubiszewski erklärt: »Ich war immer der Meinung, daß, obwohl es Schwierigkeiten in unseren Beziehungen gab, ein einziges Deutschland ein besserer Nachbar würde als zwei deutsche Staaten.«

155. 26. September 1990. Kundgebung auf dem Görlitzer Obermarkt mit Bundeskanzler Kohl. Neben Schwarz-Rot-Gold werden die weißgelben Fahnen von Niederschlesien geschwenkt. Das ist kein Revanchismus gegenüber Polen, sondern hier demonstrieren die Bewohner des letzten deutschen Zipfels des alten Landes Schlesien für ihre Minderheitenrechte im neuen Land Sachsen. In der DDR war sogar das Wort »Schlesien« verpönt. Um so mehr freuen sich die Landsleute über die Anrede des Kanzlers »Liebe Niederschlesier«.

154

155

156

157

156, 157. Die letzte Wachablösung von Soldaten der Nationalen Volksarmee vor der Neuen Wache Unter den Linden in Ost-Berlin am 2. Oktober 1990. Mit der deutschen Vereinigung am nächsten Tag hört die NVA auf zu bestehen. Soldaten und Offiziere werden dem Oberbefehl des Bundesverteidigungsministers unterstellt. Die Gefahr, daß deutsche Soldaten gegeneinander kämpfen müssen, ist gebannt.

Bisher standen sich 490000 westdeutsche und 140000 ostdeutsche Soldaten gegenüber. Nun haben Kohl und Gorbatschow im Kaukasus die Abrüstung auf 370000 Mann vereinbart. Auch die Zahl der Soldaten der ehemaligen Siegermächte soll erheblich reduziert, die sowjetischen Soldaten sollen aus dem Gebiet der DDR allmählich ganz abgezogen werden. Das größte Pulverfaß der Welt ist entschärft. Bei allen Diskussionen über die Kosten der Einheit darf dieser Aspekt der Friedenssicherung nicht vergessen werden.

»Nun wächst zusammen, was zusammengehört«

158

158. 3. Oktober 1990. Tag der deutschen Einheit. Spätnachmittag Unter den Linden in Berlin. Links das Kronprinzenpalais, in dem am 31. August der Einigungsvertrag zwischen den beiden deutschen Staaten unterzeichnet wurde, rechts das alte Zeughaus, das das Museum für Deutsche Geschichte beherbergt.

Endlich haben die Deutschen einen fröhlichen Nationalfeiertag. Der 17. Juni – seit 1953 Tag der deutschen Einheit – war der Tag des Gedenkens an einen niedergeschlagenen Aufstand und des Erinnerns an den unerfüllten Auftrag der Einheit.

Daß die Deutschen ihre Einheit nun mit einer friedlichen Revolution und im politischen Einklang mit allen Nachbarn und den beiden Supermächten erreicht haben, verblüfft die Welt und lindert die durchaus vorhandenen Sorgen vor einem neuen »Großdeutschland«.

159

159. Zuschauer auf der Galerie des »Palastes der Republik« am Tag der Einheit. Der 1976 fertiggestellte »Palast«, im Volksmund »Palazzo prozzo« genannt, war eines der Vorzeigeobjekte der DDR. Hier tagte die bis 1990 niemals frei gewählte Volkskammer, hier fanden die Parteitage der SED statt.

An dieser Stelle stand früher das Berliner Stadtschloß, der größte Barockbau nördlich der Alpen. Obwohl im Zweiten Weltkrieg durch Bombenangriffe schwer beschädigt, wäre sein Wiederaufbau durchaus möglich gewesen. Doch aus politischen Gründen hat die DDR-Führung das bedeutende Kultur- und Geschichtsdenkmal 1950/51 sprengen lassen. Monarchistische Erinnerungen an die preußische und deutsche Geschichte sollten zugunsten des sozialistischen Neuaufbaus ausgemerzt werden.

160

160. Die Bundesdienstflagge der Bundesrepublik Deutschland weht seit dem 3. Oktober 1990 auf dem ehemaligen Amtssitz des Staatsrates der DDR: unübersehbares Zeichen für die Veränderung der politischen Landschaft in der Mitte Europas.

In das 1964 errichtete Gebäude wurde das Portal des Berliner Schlosses eingefügt, von dessen Balkon Karl Liebknecht am 9. November 1918 die sozialistische deutsche Republik ausgerufen hat. So blieb – Ironie der Geschichte – wenigstens ein kleiner Teil des prachtvollen Barockbaus erhalten. Heute ist das Bundespräsidialamt Hausherr in diesem Gebäude.

161

161. Das Regierungsviertel in Bonn. Im Vordergrund das Kanzleramt. Links am Rhein die Gebäude von Bundesrat und Bundestag. Dahinter das Abgeordnetenhaus, im Volksmund nach seinem Erbauer, dem früheren Bundestagspräsidenten Eugen Gerstenmaier, »langer Eugen« genannt. Hinter der Rheinschleife liegt das Siebengebirge. Auf dem Petersberg residierten nach dem Krieg die Hohen Kommissare der Westmächte.

In Rhöndorf am Fuße des Siebengebirges wohnte Konrad Adenauer. Der erste Bundeskanzler der Bonner Republik sprach sich im Wettstreit um den Regierungssitz zwischen Frankfurt am Main und Bonn 1949 für die rheinische Provinzstadt aus. Die Zahl ihrer Einwohner wuchs von 95000 nach dem Krieg auf heute knapp 300000. Allein 30000 Bundesbedienstete arbeiten hier.

Obwohl Bonn von Anfang an als »Provisorium« vorgesehen ist, als Ersatz für das nach dem Krieg geteilte Berlin, das für den Fall einer Wiedervereinigung Deutschlands als dessen Hauptstadt wiedereingesetzt werden sollte, kommt es nach der Vereinigung zu einer heftigen Kontroverse um die Frage des Regierungssitzes und schließlich am 20. Juni 1991 im Deutschen Bundestag zu einer nur knappen Mehrheit von 18 Stimmen zugunsten Berlins. Die Bonn-Anhänger betonen vor allem, die alte Bundeshauptstadt stehe für die Stärkung des Föderalismus und für die nach dem Krieg so erfolgreiche Westbindung der Bundesrepublik; Berlin dagegen stehe für Zentralismus und eine gerade im Ausland kritisch gesehene preußisch-militaristische Tradition.

162

162. Berlin, die Hauptstadt Deutschlands, die es auch nach dem Zweiten Weltkrieg rechtlich blieb. Das alte und neue Zentrum der wiedervereinigten Stadt mit dem Platz der Republik, dem Reichstagsgebäude und dem Brandenburger Tor im Vordergrund.

Regierungssitz eines vereinigten Deutschlands war die schnell zur Metropole wachsende Stadt von 1871 bis 1945. Damit übertrifft sie Frankfurt am Main, das von 1815 bis 1866 Sitz des »Deutschen Bundes« war, und Bonn, das von 1949 bis zum Tag der deutschen Einheit am 3. Oktober 1990 Bundeshauptstadt war. Ebensolang wie Bonn im Westen war Ost-Berlin Hauptstadt des östlichen Teilstaats. Erst mit dem Beitritt der DDR zum Geltungsbereich des Grundgesetzes verlor es seine Regierungsfunktion.

Daß Berlin nun nicht nur deutsche Hauptstadt ist, sondern auch Regierungssitz werden soll, ist nicht zuletzt eine Frage der Glaubwürdigkeit von Politik. Denn die über all die Jahre der Teilung hinweg erhobene Forderung, Berlin müsse Hauptstadt eines einmal wiedervereinigten Deutschlands sein, hat immer impliziert, daß es damit auch Sitz von Parlament und Regierung sein würde. Gerade in der Zeit des schwierigen Zusammenwachsens der alten und neuen Bundesländer gehören Parlament und Regierung an die Nahtstelle des Geschehens. Berlin als Hauptstadt **und** Regierungssitz ist nicht nur ein Zeichen historischer Kontinuität und politischer Glaubwürdigkeit, sondern auch ein Zeichen der Ermutigung für alle Deutschen, nach den Lehren der Geschichte nun die Aufgaben der Zukunft zu meistern.

Berlin, mit seinen fast vier Millionen Einwohnern eine wirkliche Metropole, kann dank seiner Lage in der Mitte Europas im gesamteuropäischen Einigungsprozeß als Drehscheibe zwischen Ost und West eine bedeutende Rolle spielen. Nur eine Hauptstadt, die auch Regierungssitz ist, kann diese Chance glaubwürdig und aktiv nutzen.

Nachwort

Die Thematik dieses Buches – die Geschichte unserer nationalen Symbole – hat mich seit Jahren beschäftigt und fasziniert. So ist es mir eine besondere Freude, nun diesen Bildband vorlegen zu können, der helfen soll, Wissenslücken zu schließen und bestehende Fehlurteile über unsere Nationalsymbole zu korrigieren.

Als ich 1985 mit der Produktion von Bildfolgen begann, die die Ausstrahlung der Nationalhymne zum Sendeschluß im ZDF begleiten sollten, war ich erschrocken über manche Urteile in der Bevölkerung zu diesem Thema. Das Deutschlandlied hielten einige für etwas Rechtsradikales, gar für eine Erfindung der Nazis. Daß sein Dichter ein Liberaler war, der selbst verfolgt wurde, darüber herrschte vielfach völlige Unkenntnis.

Diese Fehlurteile bewogen mich, 1987 einen Film über die Geschichte der deutschen Nationalhymne zu produzieren und 1988 mit meinem Kollegen Guido Knopp das Buch »Das Lied der Deutschen – Schicksal einer Hymne« zu schreiben. »Einigkeit und Recht und Freiheit für das deutsche Vaterland« – diese Zeilen der dritten Strophe der Hymne waren für mich, der ich 1959 aus der DDR wegging, immer die Aufforderung, für ein wiedervereinigtes, freies Deutschland einzutreten und zu wirken.

Als ich während eines beruflichen Moskau-Aufenthalts im Jahre 1987 erfuhr, daß sowjetische Professoren über Modelle zur deutschen Wieder- oder Neu-Vereinigung nachdachten, wurde meine Hoffnung auf die deutsche Einheit, die ich nie aufgegeben hatte, neu bestärkt. So schrieb ich 1988 im Schlußkapitel des erwähnten Hymnenbuches: »Das Interesse der Sowjetunion könnte sich eines Tages sogar mit den nationalen Interessen der Deutschen decken. Den Deutschen zu gestatten, sich durch die Zusammenarbeit von DDR und Bundesrepublik eine gemeinsame Wohnung (mit offenen Türen) zu schaffen, hieße für sie, fast achtzig Millionen Freunde zu gewinnen . . .

Es geht heute und in Zukunft darum, eine sich wandelnde Sowjetunion davon zu überzeugen, daß es auch in ihrem Interesse liegt, den Deutschen das Selbstbestimmungsrecht zu gewähren.«

Im Frühjahr 1989 fuhr ich mit Professor Wjatscheslaw Daschitschew, Berater des sowjetischen Außenministeriums, von Mainz nach Saarbrücken. Ich überreichte ihm unser Hymnenbuch und wies ihn auf mein Schlußkapitel hin. Nach dem Lesen sagte er, daß er meine Hoffnung teile. Die Deutschen würden nach seiner Meinung die Einheit bekommen, weil die Sowjetunion die Deutschen brauche. Um Anschluß an Europa zu finden, müßten die Sowjets in die reiche EG streben, und das ginge nur über den Weg eines vereinigten Deutschlands. Nationalbewußte Deutsche, die ihre Hymne mögen und singen, fände er nur normal und begrüßenswert.

Wenige Monate später wurde die von Daschitschew maßgeblich entwickelte Deutschlandpolitik der Sowjetunion Realität. Die Revolution der Bürger in der DDR im Herbst 1989 wurde diesmal von der Sowjetunion ganz bewußt nicht unterbunden, denn sie eröffnete Moskau – über den Zusammenbruch der DDR und über die Wiederherstellung der deutschen Einheit – den Weg nach Europa.

Als ich in den ersten Minuten des 3. Oktober 1990 auf dem Platz vor dem Reichstagsgebäude in Berlin mit vielen Hunderttausenden die Nationalhymne sang, war ich tief bewegt und glücklich. Mein langjähriges Bemühen, den Symbolen der deutschen Demokratie größere Bekanntheit und Achtung zu verschaffen, auf die Zusammengehörigkeit von Nationalbewußtsein und Demokratiebewußtsein in der deutschen politischen Tradition zu verweisen, ließ mir diese Augenblicke der Wirklichkeit werdenden deutschen Einheit zu einer besonderen, ganz persönlichen Genugtuung werden.

Ich wünsche mir, daß mein Buch dazu beiträgt, daß die

Deutschen im Umgang mit ihren nationalen Symbolen »Maß und Mitte« finden. Daß unter dem Dreiklang »Einigkeit und Recht und Freiheit« nach der politischen Einheit nun auch die wirklich erlebbare Einheit der Bürger entsteht, daß nicht wieder das alte Erbübel der Deutschen, die Neigung zu Extremen, die Einheit Deutschlands aufs Spiel setzt. Daß die Deutschen wirklich ihre Chance als Volk der »Mitte« begreifen und wahrnehmen – in ihrem eigenen Interesse und im Interesse ihrer Nachbarn.

Der Briefwechsel zwischen Bundespräsident und Bundeskanzler zur Nationalhymne des wiedervereinigten Deutschland

Bundespräsident Richard von Weizsäcker und Bundeskanzler Helmut Kohl haben im August 1991 den folgenden Briefwechsel zur Nationalhymne für die Bundesrepublik Deutschland geführt:

Der Bundespräsident Bonn, den 19. August 1991

Sehr geehrter Herr Bundeskanzler,

die staatliche Einheit der Deutschen wurde rechtlich durch den Einigungsvertrag und den Beitritt der ehemaligen DDR zur Bundesrepublik Deutschland gemäß Artikel 23 des Grundgesetzes vollzogen. Seit dem 3. Oktober 1990 gilt auch die Nationalhymne der bisherigen Bundesrepublik für das vereinte deutsche Volk.
Das »Lied der Deutschen«, von Hoffmann von Fallersleben vor hundertfünfzig Jahren in lauteren Gedanken verfaßt, ist seither selbst der deutschen Geschichte ausgesetzt gewesen. Es wurde geachtet und bekämpft, als Zeichen der Zusammengehörigkeit und gemeinsamen Verantwortung verstanden, aber auch in nationalistischer Übersteigerung mißbraucht. Als ein Dokument deutscher Geschichte bildet es in allen seinen Strophen eine Einheit.
Aufgrund des Briefwechsels zwischen Bundespräsident Heuss und Bundeskanzler Adenauer vom 29. April/2. Mai 1952 hat sich im Laufe der vergangenen Jahrzehnte die 3. Strophe des Liedes mit der Musik von Haydn als Hymne der Bundesrepublik Deutschland im Bewußtsein der Bevölkerung fest verankert. Gerade in der Zeit der Teilung hat sie den tiefen Wunsch der Deutschen nach Rechtsstaatlichkeit und nach Einheit in Freiheit ausgedrückt. Dieses Ziel haben sich unsere Landsleute in den Bundesländern Mecklenburg-Vorpommern, Brandenburg, Sachsen-Anhalt, Sachsen, Thüringen und im Ostteil von Berlin friedlich errungen.
Die 3. Strophe des Hoffmann-Haydn'schen Liedes hat sich als Symbol bewährt. Sie wird im In- und Ausland gespielt, gesungen und geachtet. Sie bringt die Werte verbindlich zum Ausdruck, denen wir uns als Deutsche, als Europäer und als Teil der Völkergemeinschaft verpflichtet fühlen.
Die 3. Strophe des Liedes der Deutschen von Hoffmann von Fallersleben mit der Melodie von Joseph Haydn ist die Nationalhymne für das deutsche Volk.

Mit freundlichen Grüßen
Ihr R. v. Weizsäcker

Der Bundeskanzler 23. August 1991

Sehr geehrter Herr Bundespräsident,

»Einigkeit und Recht und Freiheit« – mit diesem Dreiklang gelang es uns, nach 1949 die erfolgreichste rechtsstaatliche Demokratie unserer Geschichte zu gestalten und den Wunsch nach nationaler Einheit wachzuhalten. Der Wunsch aller Deutschen, die Einheit ihres Vaterlandes in Freiheit zu vollenden, kam im Deutschlandlied besonders eindringlich zum Ausdruck. Heute, nach der Wiedervereinigung Deutschlands, verpflichtet uns auch das Deutschlandlied, für die Menschen in den neuen Bundesländern eine rechtsstaatliche Ordnung zu verwirklichen.
Der Wille der Deutschen zur Einheit in freier Selbstbestimmung ist die zentrale Aussage der 3. Strophe des Deutschlandlieds. Deshalb stimme ich Ihnen namens der Bundesregierung zu, daß sie Nationalhymne der Bundesrepublik Deutschland ist.

Mit freundlichen Grüßen
Ihr Helmut Kohl

Anmerkungen

Zu Seite 74/75: Staatsakt im Reichstag am 11. August 1922

In den letzten Jahren sind Abhandlungen erschienen, die darauf verweisen, daß Ebert in seinem »Aufruf« zum Verfassungstag den Begriff »Nationalhymne« nicht gebrauchte, daß es sich demnach nicht um den rechtlichen Akt der Einführung der Nationalhymne handele. Dieser Auffassung ist entgegenzusetzen, daß das weitere Vorgehen des Reichspräsidenten zeigt, daß seine »Kundgebung« auf die Einführung des Deutschlandliedes als Hymne abhob, auch wenn der Begriff »Nationalhymne« nicht verwendet wurde.

Bereits sechs Tage später nämlich ordnete Ebert als Reichspräsident und Oberbefehlshaber der Reichswehr mit der Gegenzeichnung des Reichswehrministers Geßler an: »Entsprechend meiner Kundgebung vom 11. August 1922 bestimme ich: Die Reichswehr hat das ›Deutschlandlied‹ als Nationalhymne zu führen. Ausführungsbestimmungen erläßt der Reichswehrminister. Berlin, den 17. August 1922.«

In den Ausführungsbestimmungen, die am 23. September 1922 im Heeres-Verordnungsblatt veröffentlicht wurden, heißt es: »Die Nationalhymne – Deutschland, Deutschland über alles – wird gespielt: ...

d) bei festlichen Veranstaltungen dienstlichen oder außerdienstlichen Charakters, und zwar nach dem Hoch auf das Deutsche Reich ...

Die Nationalhymne wird nur einmal, unter Wiederholung des letzten Teils, gespielt ... Die Musik spielt die Nationalhymne in Es-Dur ...«

In seiner Abhandlung »Zum Deutschland-Lied als Nationalhymne« faßt Professor Günter Spendel (Universität Würzburg) 1988 die rechtliche Situation wie folgt zusammen: »Mit seinem Erlaß vom 17. August 1922 hatte das Staatsoberhaupt auf Grund seiner obersten Kommandogewalt, also kraft positiven öffentlichen Rechts, für die bewaffnete Macht, d.h. für einen wesentlichen Teil der vollziehenden Gewalt, das Deutschland-Lied verbindlich als Nationalhymne bestimmt. Diese rechtliche Regelung und die daraus resultierende tatsächliche Übung traten zu dem allgemeinen Rechtsbewußtsein in eine doppelte, wechselseitige Beziehung, und zwar hinsichtlich Grund und Folge:

Einmal waren beide in der weitgehenden Zustimmung der staatlichen Organe wie der einzelnen Bürger begründet; das Deutschlandlied wurde von den meisten bereitwillig als Nationalhymne anerkannt ...

Zum anderen konnten die rechtliche Regelung für die Reichswehr und ihre tatsächliche Befolgung im Staatsleben nicht ohne Rückwirkung auf die allgemeine Bewußtseinsbildung bleiben. Wenn die Hymne hinfort von der Truppe (Ehrenkompanie usw.) bei amtlichen und festlichen Veranstaltungen (z.B. Staatsbesuchen) gespielt wurde, mußte sich in der Allgemeinheit, bei den staatlichen Stellen wie bei den einzelnen Bürgern, die Überzeugung durchsetzen oder festigen, daß das Hoffmann/Haydnsche Lied als Nationalhymne gelte und der Reichspräsident sie als solche verbindlich bestimmt habe.

Es ist bezeichnend, wie eine solche Auffassung ohne jede Diskussion vorherrschend war und damit – im Gegensatz zu dem leidigen Flaggenstreit um die neuen Nationalfarben Schwarz-Rot-Gold anstelle von Schwarz-Weiß-Rot – in dieser Frage weitgehend Einigkeit herrschte, auch wenn sich Linkssozialisten und Monarchisten eine andere Hymne gewünscht hatten.«

Die Worte, die Ebert in seinem Aufruf am 11. August 1922 gewählt hat, fand der Rechtsgelehrte und zweimalige sozialdemokratische Reichsjustizminister Gustav Radbruch »so schön, daß sie als ein Vermächtnis des ersten Reichspräsidenten einstmals in den Lesebüchern aller deutschen Schulen stehen werden«. Da sich seine Hoffnung nicht erfüllt hat, seien hier die Anfangssätze von

Eberts Aufruf in Ergänzung zum Zitat auf Seite 74/75 hinzugefügt: »Vor drei Jahren, am 11. August, hat sich das deutsche Volk seine Verfassung gegeben, das Fundament seiner Zukunft. Diesen Tag wollen wir, trotz aller Not der Gegenwart, mit Freude und Hoffnung begehen. An ihm wollen wir unsere Liebe zum Vaterland bekunden. Deutschland soll nicht zugrunde gehen! Das ist unser Schwur, solange wir atmen und arbeiten können.

Wir wollen keinen Bürgerkrieg, keine Trennung der Stämme. Wir wollen Recht. Die Verfassung hat uns nach schweren Kämpfen Recht gegeben. Wir wollen Frieden. Recht soll vor Gewalt gehen. Wir wollen Freiheit. Recht soll uns Freiheit bringen. Wir wollen Einigkeit. Recht soll uns einig zusammenhalten. So soll die Verfassung uns Einigkeit, Recht und Freiheit gewährleisten.«

Zu Seite 95: Bulletin des Presse- und Informationsamtes der Bundesregierung

1987 bestreiten die Juristen Hümmerich und Beucher in einer Abhandlung, daß die Bundesrepublik Deutschland eine Nationalhymne habe, weil es an der rechtswirksamen Setzung eines solchen Staatssymbols fehle. Sie bezweifeln die verfassungsrechtliche Kompetenz des Bundespräsidenten.

In der juristischen Fachzeitschrift hält 1988 Markus Hellenthal dagegen: »Das Amt des Bundespräsidenten ist vom Grundgesetz geradezu auf die Vornahme von solcherart ›symbolischen‹ Aufgaben der Integration und staatlichen Repräsentation angelegt ...

Soweit ersichtlich, hat bislang noch kein anderes Verfassungsorgan die Befugnis des Staatsoberhauptes zur Wahrnehmung der damit im Zusammenhang stehenden Handlungen bestritten.

Dies ist nicht zuletzt ein Zeichen für eine hinreichende Abstimmung zwischen Bundespräsident und Bundesregierung gemäß Artikel 58 des Grundgesetzes.

Ein Beleg für erfolgreiche Abstimmungsverfahren auch im Sinne der Bundesregierung liefern die Beispiele: So sind u.a. die Anordnung über die deutschen Flaggen, der Erlaß zur Ausführung dieser Anordnung, der Erlaß über die Dienstsiegel sowie die Bekanntmachung betreffend der Bundeswappen und den Bundesadler jeweils auf Vorschlag der Bundesregierung ergangen; die Anerkennung der Nationalhymne der Bundesrepublik Deutschland erfolgte auf die ›Bitte der Bundesregierung‹. Sollte es einmal nicht möglich sein, in Regelungsbereichen dieser Art zu einer Einigung zu gelangen, so stünde es der Bundesregierung offen, nach Artikel 76 des Grundgesetzes beim Bundestag einen ihren Vorstellungen entsprechenden Gesetzentwurf einzubringen.«

In der Zusammenfassung der juristischen Argumentation des Beitrags von Markus Hellenthal heißt es:

»1. Es gibt keinen allgemeinen Parlamentsvorbehalt für die Festsetzung der Nationalhymne. Weder enthält das Grundgesetz eine ausdrückliche Zuweisung dieser Regelungsmaterie an den Bundesgesetzgeber, noch gebietet der Vorrang des Gesetzes (sogenannte Wesentlichkeitstheorie) sein Tätigwerden. Denn die bloße Bestimmung der Nationalhymne vermag in keine Rechtsposition eines Privaten einzugreifen.

2. Die Bestimmung der Nationalhymne erfolgte durch ihre Anerkennung durch den Bundespräsidenten auf Vorschlag der Bundesregierung. Es handelt sich hierbei um ein gegenseitiges Organhandeln des Bundespräsidenten ohne rechtliche Verbindlichkeit für Private.

3. Auch ohne ausdrücklich in der Verfassung geschriebene Kompetenz ist der Bundespräsident zur Schaffung bzw. Festlegung von Staatssymbolen zuständig. Diese Zuständigkeit gründet – unter Berücksichtigung auch unserer Staatstradition und des Zuschnitts seines Amtes durch das Grundgesetz – auf der Funktion des Bundespräsidenten als Staatsoberhaupt und Träger des gesamtstaatlichen obersten Repräsentationsrechts bzw. der ›Ehrenhoheit‹ des Bundes. Die Wahrnehmung dieser Zuständigkeit steht unter dem Vorbehalt des Zugriffs des Bundesgesetzgebers.

4. Aufgrund der Bestimmungen des Bundespräsidenten auf die Bitte der Bundesregierung hin hat die Bundesrepublik Deutschland eine Nationalhymne. Dabei handelt es sich um das ›Hoffmann-Haydn'sche Lied‹ in seinen drei Strophen; bei staatlichen Veranstaltungen soll die dritte Strophe gesungen werden.

5. Den Schutz der Nationalhymne vor Verunglimpfung gewährleistet Paragraph 90 a I Nr. 2 des Strafgesetzbuches. Diese Strafrechtsvorschrift stellt in rechtsstaatlich unbedenklicher und hinreichend bestimmter Weise darauf ab, daß Schutzgut das allgemein erkennbar und offiziell als Nationalhymne der Bundesrepublik Deutschland kreierte und staatlicherseits verwendete ›Deutschlandlied‹ ist. Hierüber bedarf es auch aus strafrechtlicher Sicht keines förmlichen Gesetzes.«

Zeittafel

800 — Der Karolinger Karl der Große wird in Rom von Papst Leo III. zum Kaiser gekrönt. Er versteht sich als legitimer Erbe des Römischen Reiches und läßt auf seiner Pfalz in Aachen ein Adlerbild – das Herrschaftszeichen der Römer – anbringen.

843 — Vertrag von Verdun. Aufteilung des Frankenreichs. Mit Ludwig dem »Deutschen«, König des östlichen Teils, beginnt die eigentliche deutsche Geschichte.

962 — Otto I., der Große, wird zum römischen Kaiser gekrönt. Seit dieser Zeit steht diese Würde nur einem vorher gewählten deutschen König zu.

1152–1190 — Kaiser Friedrich I. Barbarossa. Einführung des Adlers als Repräsentationszeichen von Kaiser und Reich.

1410 — Unter Kaiser Siegmund wird der Doppeladler zum Reichssymbol. Der Adler mit den zwei Köpfen symbolisiert das »Heilige Römische Reich Deutscher Nation« bis zu seinem Untergang 1806.

14. Juli 1792 — Krönung Franz II. im Frankfurter Dom zum römisch-deutschen Kaiser.

Januar 1797 — Joseph Haydn komponiert in Wien die Melodie zu einer Hymne auf den deutschen Kaiser: »Gott! erhalte Franz den Kaiser.« Sie soll der französischen Bedrohung (das republikanische Frankreich hat Österreich den Krieg erklärt) entgegengesetzt werden.

6. August 1806 — Ende des »Heiligen Römischen Reiches Deutscher Nation«, Niederlegung der Kaiserkrone durch Franz II.

Februar 1813 — Gründung des »Lützower Freikorps« zum Kampf gegen die Besetzung Deutschlands durch den französischen Kaiser Napoleon. Die Uniform der »Lützower« – schwarze Röcke, rote Aufschläge, goldene Knöpfe – wird zum Ausgangspunkt der deutschen Fahne.

16.–19. Oktober 1813 — In der sogenannten Völkerschlacht bei Leipzig unterliegt Napoleon der Koalition von Preußen, Rußland, Österreich und Schweden.

8. Juni 1815 — Auf dem Wiener Kongreß wird der »Deutsche Bund« gegründet, ein lockerer Zusammenschluß von 35 souveränen Staaten und den vier freien Städten Hamburg, Bremen, Lübeck und Frankfurt am Main.

12. Juni 1815 — Gründung der Burschenschaft in Jena durch nationalgesinnte Studenten. Neun von elf Stiftern haben dem »Lützower Freikorps« angehört. Sie wählen Schwarz und Rot zu den Farben ihres Paniers.

18. Oktober 1817 — Burschenschafter ziehen auf die Wartburg bei Eisenach, um für Einheit und Freiheit zu demonstrieren. Sie führen eine rot-schwarz-rote Fahne mit, die Jenaer Frauen am 31. März 1816 angefertigt haben. In der Mitte der schwarzen Bahn ist ein goldener Eichenzweig eingestickt.

August 1819	Die Karlsbader Beschlüsse des »Deutschen Bundes« verbieten die Burschenschaften und ihre Fahne. Beginn der »Demagogenverfolgung« aller national und freiheitlich gesinnten Patrioten.
27. Mai 1832	»Hambacher Fest«, das »erste Nationalfest der Deutschen«. Mehr als 30000 demonstrieren für »Einheit und Freiheit«, für »Deutschlands Wiedergeburt« und ein vereintes Europa. Die Farben Schwarz-Rot-Gold setzen sich hier endgültig durch und stehen fortan in Deutschland für die demokratische Tradition.
26. August 1841	Der Dichter August Heinrich Hoffmann von Fallersleben schreibt auf der Insel Helgoland zur Melodie von Joseph Haydns Kaiserhymne das »Lied der Deutschen«. Die drei Strophen sind ein Bekenntnis zur deutschen Einheit, zum »deutschen Vaterland«. Wegen dieser Verse und anderer Gedichte verliert Hoffmann sein Amt und wird in fast allen deutschen Staaten verfolgt.
März 1848	In mehreren deutschen Städten kommt es zu revolutionären Erhebungen.
18. Mai 1848	In der Paulskirche in Frankfurt am Main tritt die erste deutsche Nationalversammlung zusammen. Die Paulskirche ist mit schwarz-rot-goldenen Fahnen und dem doppelköpfigen Adler geschmückt.
28. Juni 1848	Der österreichische Erzherzog Johann wird von der Nationalversammlung zum »Reichsverweser« gewählt. Deutschland hat damit nach 42 Jahren wieder ein gemeinsames Staatsoberhaupt.
13. November 1848	Schwarz-Rot-Gold wird im Reichsgesetzblatt als deutsche Flagge verkündet. Das Reichswappen zeigt den doppelköpfigen schwarzen Adler mit roten Zungen und goldenen Schnäbeln.
27. März 1849	Die Reichsverfassung schließt Österreich mit seinen deutschen Gebieten aus. Damit scheitert die »großdeutsche« Lösung der deutschen Einheit.
3. April 1849	Der preußische König lehnt die »Kaiserkrone«, die ihm von der Deutschen Nationalversammlung angeboten wird, ab. Damit scheitert auch die »kleindeutsche« Lösung.
1. September 1850	Nach dem Scheitern der Nationalversammlung wird in Frankfurt am Main der »Deutsche Bundestag« wiedereröffnet, der »Deutsche Bund« wiederbelebt.
13. August bis 1. September 1863	Der österreichische Kaiser Franz Joseph ruft nach Frankfurt am Main den sogenannten Fürstentag ein, um den »Deutschen Bund« zu reformieren. Unter den Farben Schwarz-Rot-Gold erhält die Hoffnung auf die deutsche Einheit Auftrieb. Die Versammlung der deutschen Souveräne scheitert jedoch, weil der preußische König den Fürstentag auf Drängen Otto von Bismarcks boykottiert.
3. Juli 1866	In der preußisch-österreichischen Entscheidungsschlacht von Königgrätz verliert der »Deutsche Bund« einschließlich Österreich gegen Preußen.
23. August 1866	Mit dem Prager Frieden endet der tausendjährige staatsrechtliche Zusammenhang von Österreich und Deutschland.
1867	Die Verfassung des 1866 vom preußischen Ministerpräsidenten Otto von Bismarck gegründeten Norddeutschen Bundes bestimmt die Farben Schwarz-Weiß-Rot zu den Flaggenfarben.
19. Juli 1870	Kriegserklärung Frankreichs an Deutschland.
18. Januar 1871	Im Schloß von Versailles wird nach dem Sieg der verbündeten deutschen Truppen über Frankreich das »Deutsche Kaiserreich« proklamiert. Der preußische König wird als Wilhelm I. »Deutscher Kaiser«. Die Farben des Kaiserreiches sind Schwarz-Weiß-Rot.
1914–18	Erster Weltkrieg.
9. November 1918	Reichskanzler Prinz Max von Baden erklärt den Thronverzicht von Kaiser Wilhelm II. und übergibt die Reichskanzlerschaft dem Sozialdemokraten Friedrich Ebert. Der sozialdemokratische Abgeordnete Philipp Scheidemann ruft von einem Fenster des Reichstagsgebäudes die »Deutsche Republik« aus.
6. Februar 1919	Reichskanzler Friedrich Ebert eröffnet im Weimarer Nationaltheater die verfassunggebende Nationalversammlung. »Weimar« wird die Bezeichnung für die erste deutsche Republik.

11. Februar 1919 — Wahl Eberts zum Reichspräsidenten.

11. August 1919 — Die Verfassung der Weimarer Republik wird vom Reichspräsidenten unterzeichnet. Artikel 3 lautet: »Die Reichsfarben sind Schwarz-Rot-Gold. Die Handelsflagge ist Schwarz-Weiß-Rot, mit den Reichsfarben in der oberen inneren Ecke.« Diese Verbindung der Farben ist Ausgangspunkt eines fortwährenden Flaggenstreits in der Weimarer Republik.

11. August 1922 — Am Verfassungstag der Republik erhält »Das Lied der Deutschen« durch den Reichspräsidenten Friedrich Ebert den Rang einer offiziellen Hymne. Die Wahl des Liedes zur Nationalhymne soll die demokratische Mitte stärken und »Links« und »Rechts« miteinander versöhnen.

30. Januar 1933 — Reichspräsident Paul von Hindenburg beruft Adolf Hitler, den Führer der nationalsozialistischen Arbeiterpartei (NSDAP) zum Reichskanzler.

27./28. Februar 1933 — Das Reichstagsgebäude brennt. Hitler behauptet, Kommunisten hätten die Brandstiftung begangen. Am 28. Februar setzt er die Notverordnung »zum Schutz von Volk und Staat« in Kraft. Das bedeutet die Aufhebung der Grundrechte. Das Deutsche Reich ist kein Rechtsstaat mehr.

13. März 1933 — Reichspräsident von Hindenburg verordnet, »daß vom morgigen Tage bis zur endgültigen Regelung der Reichsfarben die schwarzweiß-rote Fahne und die Hakenkreuzfahne gemeinsam zu hissen sind«. Das Schwarz-Rot-Gold der deutschen demokratischen Tradition wird damit liquidiert.

24. März 1933 — Zustimmung des Reichstages mit Ausnahme der Sozialdemokraten für das Ermächtigungsgesetz. Hitler kann nun Gesetze ohne die Billigung des Reichstages erlassen. Es ist das Ende der parlamentarischen Demokratie und der Beginn der Diktatur.

1933 — Anders als bei der Fahnenregelung wird das Deutschlandlied als Hymne beibehalten. Dazu tritt als die »Hymne« der NS-Bewegung das »Horst-Wessel-Lied«. 1940 bestimmt eine Anordnung, beide Lieder als »Doppelhymne« zu spielen. Die Verbindung des »Liedes der Deutschen« mit dem Marschgesang der SA verunglimpft den Sinngehalt des Deutschlandliedes.

1935 — Das erste der »Nürnberger Gesetze« bestimmt: »Reichs- und Nationalflagge ist die Hakenkreuzflagge, sie ist zugleich Handelsflagge.«

1. September 1939 — Mit dem deutschen Überfall auf Polen wird der Zweite Weltkrieg entfesselt.

7./8. Mai 1945 — Kapitulation der deutschen Wehrmacht in Reims und Karlshorst.

5. Juni 1945 — Mit der »Berliner Erklärung« übernehmen die Besatzungsmächte die Regierungsgewalt in Deutschland.

14. Juni 1945 — Der Alliierte Kontrollrat, der jetzt das Sagen hat, verbietet »das Singen oder Spielen« des Deutschlandliedes ebenso wie des »Horst-Wessel-Liedes«. Aber auch die alten demokratischen Farben Schwarz-Rot-Gold werden untersagt.

23. Mai 1949 — Auf der letzten Sitzung des Parlamentarischen Rates wird das Grundgesetz der Bundesrepublik Deutschland unterzeichnet. Artikel 22 bestimmt: »Die Bundesflagge ist schwarz-rot-gold.«

20. Januar 1950 — Durch den Bundespräsidenten Theodor Heuss wird der Adler der Weimarer Republik als Bundeswappen eingeführt.

18. April 1950 — Bundeskanzler Adenauer fordert im Berliner Titania-Palast zum Singen der dritten Strophe des Deutschlandliedes auf.

6. Mai 1952 — Durch einen Briefwechsel zwischen Bundeskanzler Adenauer und Bundespräsident Heuss wird das ganze Deutschlandlied als Nationalhymne anerkannt. Bei staatlichen Veranstaltungen soll die dritte Strophe gesungen werden.

1. Oktober 1959 — Die DDR gibt sich eine eigene Staatsflagge. In die Farben Schwarz-Rot-Gold wird das Staatswappen der DDR, Ährenkranz, Hammer und Zirkel, eingefügt.

3. Oktober 1990 — Die DDR tritt dem Geltungsbereich des Grundgesetzes bei. Damit ist Deutschland wieder vereinigt. Die nationalen Symbole der Bundesrepublik Deutschland gelten nun auch in den fünf neuen Bundesländern.

Bibliographie

Andrée, Fritz: Hoffmann von Fallersleben. Des Dichters Leben, Wirken und Gedenkstätten in Wort und Bild, Fallersleben 1972.

Biba, Otto: Gott erhalte! Joseph Haydns Kaiserhymne, Wien/München 1982.

Bracher, Karl Dietrich u.a. (Hg.): Geschichte der Bundesrepublik Deutschland, 5 Bände, Stuttgart/Wiesbaden 1981–87.

Bundeszentrale für politische Bildung (Hg.): Einigkeit und Recht und Freiheit. Nationale Symbole und nationale Identität, Bonn 1985.

Deutscher Bundestag, Referat Öffentlichkeitsarbeit (Hg.): Fragen an die deutsche Geschichte. Ideen, Kräfte, Entscheidungen von 1800 bis zur Gegenwart, Bonn 1990.

Deutsches Historisches Museum (Hg.): Bismarck – Preußen, Deutschland und Europa, Berlin 1990.

Eschenburg, Theodor und Frank-Planitz, Ulrich: Gustav Stresemann, Eine Bildbiographie, Stuttgart 1978.

Friedel, Alois: Deutsche Staatssymbole, Frankfurt a.M./Bonn 1968.

Guben, Berndt: Schwarz Rot und Gold, Biographie einer Fahne, Berlin 1991.

Hattenhauer, Hans: Deutsche Nationalsymbole – Zeichen und Bedeutung, München 1984.

Hellenthal, Markus: Kein Gesetzesvorbehalt für Nationalhymne! Bemerkungen zur Nationalhymne der Bundesrepublik Deutschland und ihrer rechtswirksamen Bestimmung durch den Bundespräsidenten, NJW 1988, Heft 21, S. 1294–1302.

Herre, Franz: Nation ohne Staat. Die Entstehung der deutschen Frage, Köln 1967.

Hessisches Kultusministerium (Hg.): Die Nationalhymne. Handreichung für die Besprechung an den Schulen im Lande Hessen, Wiesbaden 1989.

Hoffmann von Fallersleben, August Heinrich: Mein Leben, Hannover 1868.

Ders.: Gesammelte Werke. Acht Bände, hg. v. Heinrich Gerstenberg, Berlin 1890.

Kaupp, Peter: »Lasset uns eine Farbe tragen, die Farbe des deutschen Vaterlands.« Von den Farben der Jenaischen Urburschenschaft zu den deutschen Farben. Ein Beitrag zur Frühgeschichte der Entstehung von Schwarz-Rot-Gold, Neustadt a.d.W. 1991.

Kieser, D.G.: Das Wartburgfest am 18. Oktober 1817. In seiner Entstehung, Ausführung und Folgen, Jena 1818.

Klein, Eckart: Bonner Kommentar zu Artikel 22 Grundgesetz, Hamburg 1982.

Knopp, Guido/Kuhn, Ekkehard: Die deutsche Einheit, Traum und Wirklichkeit, Erlangen 1990.

Knopp, Guido/Kuhn, Ekkehard: Das Lied der Deutschen. Schicksal einer Hymne, Berlin/Frankfurt a.M. 1988.

Kuhn, Ekkehard: Nicht Rache, nicht Vergeltung. Die deutschen Vertriebenen, München/Wien 1987.

Kugler, Georg Johannes: Die Reichskrone, Wien/München 1986.

Kurzke, Hermann: Hymnen und Lieder der Deutschen, Mainz 1990.

Lutz, Heinrich: Zwischen Habsburg und Preußen, Deutschland 1815–1866. Die Deutschen und ihre Nation, Bd. 2, Berlin 1985.

Maser, Werner: Friedrich Ebert, Der erste deutsche Reichspräsident. Eine politische Biographie, München 1987.

Möller, Horst: Fürstenstaat oder Bürgernation, Deutschland 1763–1815. Die Deutschen und ihre Nation, Bd. 1, Berlin 1989.

Schulze, Hagen: Weimar, Deutschland 1917–1933. Die Deutschen und ihre Nation, Bd. 4, Berlin 1982.

Spendel, Günter: Zum Deutschlandlied als Nationalhymne, in: Juristenzeitung 1988, S. 744–749.

Steiger, Günter: Urburschenschaft und Wartburgfest, Aufbruch nach Deutschland, Leipzig 1991.

Stresemann, Wolfgang: Mein Vater Gustav Stresemann, Frankfurt a.M./Berlin/Wien 1985.
Stürmer, Michael: Das ruhelose Reich, Deutschland 1866–1918. Die Deutschen und ihre Nation, Bd. 3, Berlin 1983.
Thamer, Hans-Ulrich: Verführung und Gewalt, Deutschland 1933–1945. Die Deutschen und ihre Nation, Bd. 5, Berlin 1986.
Tittel, Lutz: Das Niederwalddenkmal bei Rüdesheim am Rhein, Friedrichshafen 1985.
Trost, Ernst: Das blieb vom »Heiligen Römischen Reich Deutscher Nation«. Eine Spurensuche, Wien/München 1987.
Wirth, J.G.A.: Das Nationalfest der Deutschen zu Hambach, Neustadt a.H. 1832.

Verzeichnis der Gemälde und Graphiken

Bildnachweis

ADN Zentralbildstelle: 127
Beyer, Constantin: 37–38, 42
Bildagentur Werek, München: 153
Bildarchiv Preußischer Kulturbesitz: 11, 17, 19, 28, 32, 36, 41, 55–57, 64, 69, 71–73, 76, 79, 84, 87
Bundesbildstelle Bonn: 3, 47, 102, 105, 110, 114–115, 119–126, 129, 131, 135–136, 142–143, 145–146, 161
Deutsche Presseagentur, Frankfurt am Main: 112, 132
Deutsche Staatsbibliothek, Berlin: 48
Germanisches National-Museum, Nürnberg: 60
Göbbels, Peter (ZDF): 22, 24–27, 34, 44, 46, 67, 75, 85–86
Historisches Museum Frankfurt am Main: 10, 16, 33, 58–59, 61–63, 65, 68
Hoffmann von Fallersleben-Gesellschaft, Wolfsburg: 51, 52
Jalke, Udo (ZDF): 45
Keystone Pressedienst: 106
Kolde, Hans, Jugendbildungsstätte T. Wuppermann e. V Juist: 50
Koser, Michael: 49
Kuhn, Ekkehard (ZDF): 12–15, 18, 21, 30, 31, 35, 39, 40, 53–54, 147–149, 151, 154–157
Landesbildstelle Rheinland-Pfalz, Koblenz: 43
Märkisches Museum, Berlin: 70
Propyläen Verlagsarchiv: 20
Schäfer, Renate (ZDF): 158
Staatliche Museen Preußischer Kulturbesitz/Nationalgalerie, Berlin: 29
Strunz, Helmut: 130
Ullstein Bilderdienst: 1–2, 4–9, 23, 66, 74, 77–78, 80–83, 88–101, 103–104, 107–109, 111, 113, 116–118, 128, 133–134, 137–141, 144, 150, 152, 159, 160, 162

Danksagung

Der Autor dankt dem Lektor Christian Seeger für seine wertvolle Hilfe bei der Gestaltung dieses Buches, ferner Holger Hillesheim, Silke Waldschmidt und Anne Kalning für die Hilfe bei der Beschaffung der Fotounterlagen und für ihre Recherchen.

Personenregister

Rainer Laabs

Das Brandenburger Tor

Brennpunkt deutscher Geschichte

208 Seiten, 200 z. T. farbige Abbildungen
deutsch/englisch, Großformat

Ein Bauwerk im Mittelpunkt politischen Geschehens: Das Brandenburger Tor feierte im August 1991 seinen 200. Geburtstag. Dieser Text-Bild-Band erzählt Geschichte, Geschichten und Legenden eines nationalen Symbols.

Ullstein

Hellmuth Günther Dahms

Deutsche Geschichte im Bild

352 Seiten, 500 Abbildungen

Von der Germanenschlacht im ersten Jahrhundert bis zu den ersten gemeinsamen deutschen Wahlen 1990 – deutsche Geschichte in Wort und Bild. Übersichtlich dargestellt, spannend erzählt, eindrucksvoll illustriert. Das Geschenkbuch.

Ullstein